图·解

戴国良 著

顾客关系管理

企业管理出版社
ENTERPRISE MANAGEMENT PUBLISHING HOUSE

图书在版编目（CIP）数据

图解顾客关系管理 / 戴国良著 — 北京：企业管理出版社，2019.3

ISBN 978-7-5164-1912-0

Ⅰ. ①图…　Ⅱ. ①戴…　Ⅲ. ①企业管理－销售管理

Ⅳ. ①F274

中国版本图书馆CIP数据核字(2019)第041275号

北京市版权局著作权合同登记号：01-2017-6303

书　　名：图解顾客关系管理

作　　者：戴国良

责任编辑：于湘怡

书　　号：ISBN 978-7-5164-1912-0

出版发行：企业管理出版社

地　　址：北京市海淀区紫竹院南路 17 号　　　**邮编：**100048

网　　址：http://www.emph.cn

电　　话：编辑部 (010) 68701661　发行部 (010) 68701816

电子信箱：1502219688@qq.com

印　　刷：三河市荣展印务有限公司

经　　销：新华书店

规　　格：700 毫米 × 1000 毫米　16 开本　12 印张　188 千字

版　　次：2019 年 4 月 第 1 版　　2019 年 4 月 第 1 次印刷

定　　价：45.80 元

序·言

在当今竞争日益激烈的商业环境中，如何争取、巩固、善待以及维护顾客，提高顾客忠诚度，创造顾客最高价值，已成为企业营销策略上非常重要的核心点。

顾客关系管理日益重要。

顾客关系管理（Customer Relationship Management）就是在这样的背景中崛起，并成为很多商学院或管理学院的课程。顾客关系管理，可视为“顾客+关系管理”的组合体。更深一层来看，顾客关系管理其实就是“企业的顾客战略”，亦即将“顾客”视为企业最核心的战略问题。顾客关系管理中信息科技的应用，只不过是技术问题，真正的战略问题在于“顾客”与“营销”。顾客关系管理的最终目的，就是要做到精准营销并提升顾客的忠诚度。

传统营销理论强调4P组合，即产品（Product）、定价（Price）、渠道（Place）、推广（Promotion）；后来服务业普及，增加1S，即服务（Service），成为4P1S组合；由于顾客关系管理成为营销战略上的一把利剑，故又增加1C，营销应该同时强调4P1S1C的6项有力组合，才能在市场上制胜。现在，又有大数据观念与应用快速崛起，它的整体框架与运用又比顾客关系管理大很多，成为建立在顾客关系管理之上的总体观。

本书两点特色。

第一，理论与案例并重。本书提供了有关顾客关系管理的营销、信息技术、经营方面的实际案例，从这些案例中，读者可以了解如何将理论与实践结合在一起。

第二，参考资料多元丰富。本书参考国内外顾客关系管理领域专家、学者的专业论述、精辟见解及观点，再融合作者的分析，最终形成本书全面综合的知识内容。

祝福与感恩。

祝福各位读者能走一趟快乐、幸福、成长、进步、满足、平安、健康、平凡但美丽的人生旅途，没有各位的鼓励支持，就没有本书的产生。在这欢喜收获的日子，再次由衷感谢大家，深深感恩，再感恩。

作者　戴国良　敬上

taikuo@cc.shu.edu.tw

目·录

第 1 章　认识顾客关系管理

1-1　什么是顾客关系管理　2
1-2　实践“顾客主义”的顾客关系管理　4
1-3　顾客关系管理的三大准则与重要工作　6
1-4　顾客关系管理的实践步骤、内容及循环　8
1-5　顾客关系管理的七大步骤　10
1-6　顾客关系管理的五大核心要素　12
1-7　顾客关系管理应用误区　14
1-8　顾客关系管理收集分析顾客信息的方式　16
1-9　顾客关系管理对企业的经营效益（一）　18
1-10　顾客关系管理对企业的经营效益（二）　20
1-11　加速推动顾客关系管理背景分析（一）　22
1-12　加速推动顾客关系管理背景分析（二）　24

第 2 章　顾客关系管理分析

2-1　企业推动顾客关系管理的原因和目的　28
2-2　全面推动顾客关系管理概述　30

2-3　顾客导向经济学与顾客资本　32
2-4　顾客关系管理就是企业的顾客战略　34
2-5　从“顾客”到“个客”　36
2-6　顾客数据库是顾客关系管理的重点　38
2-7　顾客关系管理与顾客生命周期管理　40

第 3 章　顾客关系管理应用

3-1　顾客关系管理策略系统与实施　44
3-2　顾客关系管理解决方案与三个重要操作　46
3-3　从产业价值链看顾客关系管理的对象　48
3-4　顾客关系管理与七个相关领域的关系　50
3-5　信息科技在顾客关系管理上的应用（一）　52
3-6　信息科技在顾客关系管理上的应用（二）　54
3-7　信息科技在顾客关系管理上的应用（三）　56

第 4 章　顾客关系管理的建立

4-1　顾客关系管理运作与导入　60
4-2　顾客关系管理的运作步骤　62
4-3　顾客关系管理实施步骤及阶段　64
4-4　顾客关系管理组成要素循环　66
4-5　顾客关系管理成功要素及实施三步骤　68

4-6　做好顾客关系管理四大要领　70
4-7　顾客关系管理七大致命错误　72
4-8　推动顾客关系管理七个主要障碍　74
4-9　导入顾客关系管理的障碍及困难　75

第 5 章　顾客关系管理与数据

5-1　顾客数据库建立的正确观点及内容　78
5-2　数据仓库与数据挖掘　80
5-3　数据仓库的构成要素　81
5-4　数据仓库的特性及活用五步骤　82
5-5　数据仓库的成功要素及活用数据库　84

第 6 章　顾客关系管理与数据挖掘

6-1　什么是数据挖掘　88
6-2　数据挖掘的五个功能　90
6-3　数据挖掘的五大模式　92
6-4　数据挖掘的六个应用方向　94

第 7 章　顾客关系管理与营销

7-1　顾客关系管理策略营销六大方向　98
7-2　顾客关系管理营销的阶段和步骤　100

7–3 顾客关系管理与关系营销 102
7–4 顾客关系管理与持续性关系营销 104
7–5 顾客关系管理与顾客分级 106
7–6 顾客关系管理与顾客忠诚度 108

第 8 章 客服中心与电话营销

8–1 客服中心的定义与应用 112
8–2 客服中心的四大功能 114
8–3 客服中心重要技术及操作流程 116
8–4 客服中心三大要素 118

第 9 章 顾客关系管理案例

9–1 POS系统看不到的顾客需求（一） 122
9–2 POS系统看不到的顾客需求（二） 124
9–3 日本Dr. Cilabo化妆品顾客关系管理系统导入（一） 126
9–4 日本Dr. Cilabo化妆品顾客关系管理系统导入（二） 128
9–5 日本三越百货“超优良顾客”营销（一） 130
9–6 日本三越百货“超优良顾客”营销（二） 132
9–7 日本JCB信用卡顾客关系管理革新 134

9-8　日本SEIZYO药妆连锁店的顾客关系管理模式　136
9-9　法国兰蔻会员分级经营　138
9-10　美国联合航空公司的顾客忠诚优惠计划　140

第10章　大数据的发展

10-1　大数据的特性与功能　144
10-2　ZARA服饰充分运用大数据分析　146
10-3　大数据的机会与挑战　148
10-4　日本企业从大数据中发掘新商机　150
10-5　日本便利店Lawson应用大数据　152
10-6　商务智能的意义、系统架构及三阶段　154
10-7　企业如何启动成功的大数据分析　156
10-8　SAS软件公司导入大数据成功三要素　158

第11章　大数据与顾客关系管理的推动

11-1　大数据简介　162
11-2　大数据应用案例　172
11-3　某企业会员经营规划　174

第 1 章

认识顾客关系管理

1-1　什么是顾客关系管理

顾客关系管理（CRM）的英文是Customer Relationship Management，其在理论与实务上的运用有以下两种诠释。

一、理论上的顾客关系管理

1. 顾客关系管理字面上的意思就是与顾客保持良好的关系

(1)做好顾客服务质量。

(2)加强顾客满意度。

(3)保持顾客忠诚度及回购率。

(4)增加顾客未来信任度。

面向初次接触的顾客，到再次惠顾的顾客，进而推及终生顾客，顾客关系管理的概念逐渐形成。顾客关系管理的目的是通过有意义的沟通、了解并影响顾客行为，改善与顾客的关系，获取、保留顾客的忠诚度和利润，以长期维护忠心的顾客。因此，顾客关系管理已经成为重要的课题，并随着信息科技技术的运用，出现新的契机。

2. 获取顾客资料，掌握顾客需求

顾客关系管理可提供给顾客优良的服务质量，且更有效率地获取、开发并留住企业最重要的资产——顾客。所以如果企业能够获取顾客每一阶段"接触点"的资料，把顾客的"使用习惯模式"储存起来并加以分析，就能了解顾客需要的是什么；期待的是什么；最在乎的是什么；企业想要与顾客建立什么关系；如何促进企业与客户的互动与共同合作；如何针对顾客差异提供和其需求一致的服务。

二、实务上的顾客关系管理

在管理顾问界享有盛名的麦肯锡公司认为，CRM就是"持续性的关系营销"。其强调的重点是，寻找对企业最有价值的顾客，以微型区隔（Micro-Segmentation）的概念，界定出不同价值的顾客群。企业以不同的产品、不同的渠道，满足不同类别顾客的需求，并在关键时刻持续与不同层次的顾客沟通，强化顾客的价值贡献。同时，企业还必须持续反复测试，进而随着顾客消费行为的改变调整销售策略，甚至变动组织结构。

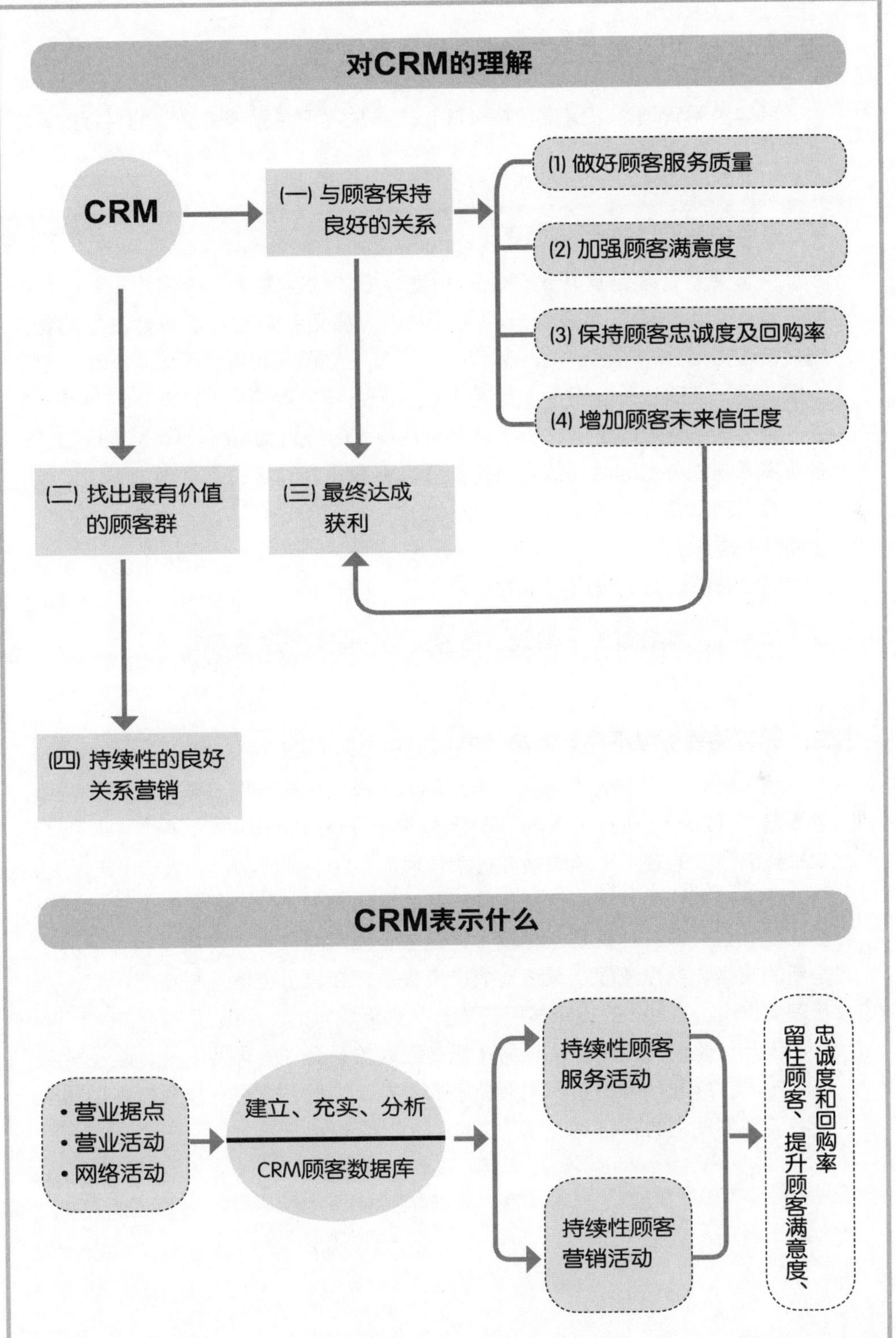
对CRM的理解
CRM
(一) 与顾客保持良好的关系
(1) 做好顾客服务质量
(2) 加强顾客满意度
(3) 保持顾客忠诚度及回购率
(4) 增加顾客未来信任度
(二) 找出最有价值的顾客群
(三) 最终达成获利
(四) 持续性的良好关系营销
CRM表示什么
• 营业据点
• 营业活动
• 网络活动
建立、充实、分析
CRM顾客数据库
持续性顾客服务活动
持续性顾客营销活动
留住顾客、提升顾客满意度、忠诚度和回购率

1-2 实践“顾客主义”的顾客关系管理

顾客关系管理是以信息科技（IT）工具来实现“顾客主义”的目标的，并有其一定的实践过程。

一、顾客关系管理的实践过程

顾客关系管理是从营销理论的角度，把“顾客主义”转化为一对一营销。从大量生产卖给多数大众的大众营销，演化到锁定市场目标对象的营销，接着更细分顾客区隔的利基营销。对每一位顾客而言，无论是一个人或一家公司，实践这种一对一营销是由顾客关系管理系统来执行的，这也是过去的顾客关系管理的定义，属于信息科技业界的逻辑与策略，CRM也成为继企业资源规划之后的热门信息科技软件。但今后的顾客关系管理则不同，顾客关系管理已逐渐变成不只是信息科技软件界销售的商品，而渐渐升华为企业经营的思想。

通过总结，我们提出如下的结论。

实践CRM = 实践“顾客主义” = 实践顾客导向

二、顾客关系管理不等于信息技术

顾客关系管理的先驱迪克·李（Dick Lee）在其著作《顾客关系管理规划手册》（*The Customer Relationship Management Planning Guide*）中指出，如果纯以科技的观点来推动顾客关系管理，它就很难成功。

该书甚至认为，一些信息科技厂商为了销售相关软产品，刻意让一些企业认为顾客关系管理就是一种技术，这些企业因而只导入科技，却忽略设计全新的策略与操作流程，最终造成投资失败。在只引进信息科技的顾客关系管理案例中，有80%的投资是所费不赀又毫无成效的。

因此，要切记的是，信息科技只是顾客关系管理的环节之一，是一种功能性工具，绝非顾客关系管理最核心的本质。当然，信息科技可以帮助顾客关系管理实现它的策略及目标，这是毫无疑问的。

实践“顾客主义”

实践CRM ＝ 实践“顾客主义” ＝ 实践顾客导向

以信息科技技术为工具　　实践一对一的优良顾客主义

从农本主义、资本主义到顾客主义

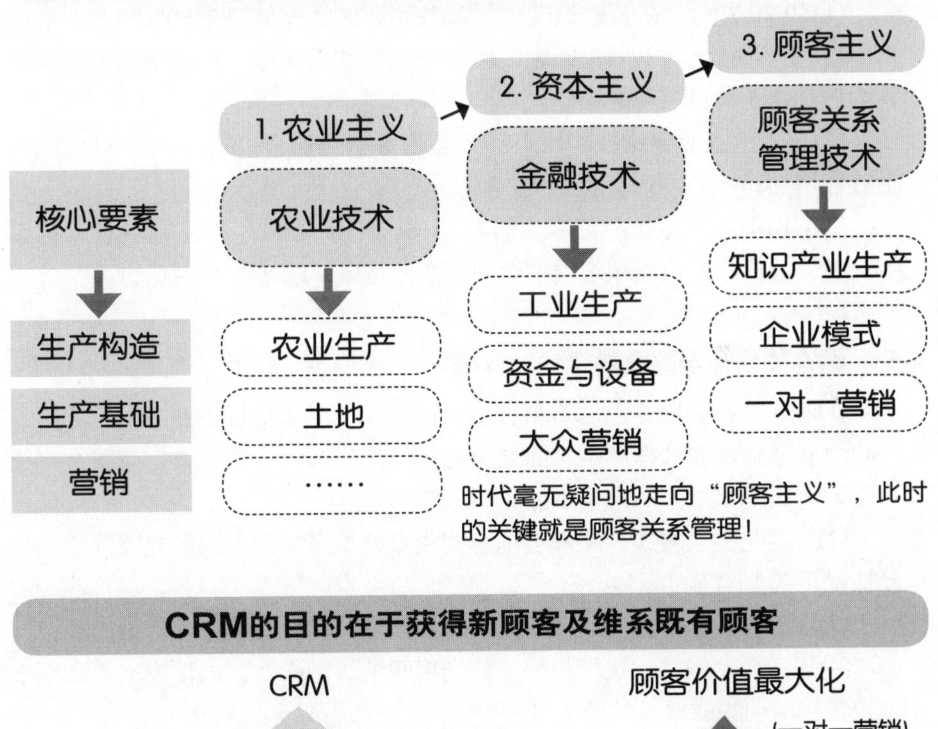

忠诚顾客

正式顾客

潜在顾客

(大众营销)

1-3 顾客关系管理的三大准则与重要工作

一、顾客关系管理的三大准则

(1)销售不等于关系：销售只是企业与顾客关系的开始。

(2)关心的对象不只是买家：企业不应该只关心买东西付钱或刷卡的那个人，而是必须考虑到接触产品或服务的每一个人或组织。

(3)营销、销售与顾客服务必须同在一条船上：长久以来专业分工的结果是，在企业中营销、销售与顾客服务一般分属三个不同部门，但在顾客关系管理思维下，这三个部门最好对顾客有一致的看法与做法。

二、企业无处不在的顾客关系管理

(1)80/20法则：在企业运营中，20%的顾客往往能创造80%的营业额或80%的利润；找出这20%的顾客，增加他们的交易次数，创造更高的企业运营效能是企业最该关心的课题。

(2)《哈佛商业评论》的论点：顾客流失率降低5%，平均每位顾客的价值就能增加25%至100%，甚至更高。

(3)CRM执行重点：在传统的营销模式中企业的各种促销活动，都以“交易”为核心。执行顾客关系管理的企业是以“顾客”为中心的。

三、顾客关系管理的重要工作

(1)收集资料：收集顾客资料、消费偏好、交易历史数据及消费行为等，并将之储存到顾客数据库中，而且企业不同部门拥有的顾客数据应整合到统一的顾客数据库中。

(2)分类与建立模式：将顾客依不同变量分类，如此可预测在不同营销活动情况下各类顾客的反应。

(3)规划与设计营销活动：根据第二步骤设计适合的服务或营销活动。

(4)例行活动测试、执行与整合：利用网站访问人次、电话频率等数据来监控营销活动的成效，并做实时调整。

(5)实行绩效的分析与衡量：通过对各种营销活动、顾客服务与支持数据等进行分析，建立一套标准化的绩效衡量体系。

CRM的三大准则

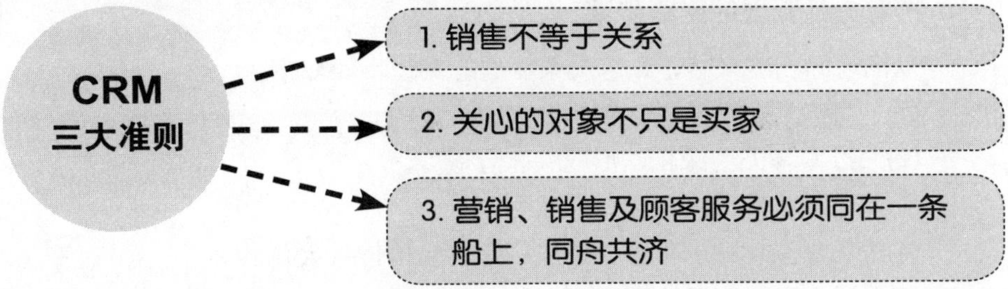

CRM三大准则

1. 销售不等于关系
2. 关心的对象不只是买家
3. 营销、销售及顾客服务必须同在一条船上，同舟共济

CRM以顾客为中心

80/20法则

- 20%的核心优良顾客创造出80%的营业额或80%的利润

CRM功用

- 找出这20%的顾客，增加他们的交易次数，创造更高的企业运营效能
- 降低顾客流失率
- 以“顾客”为中心

CRM的重要工作

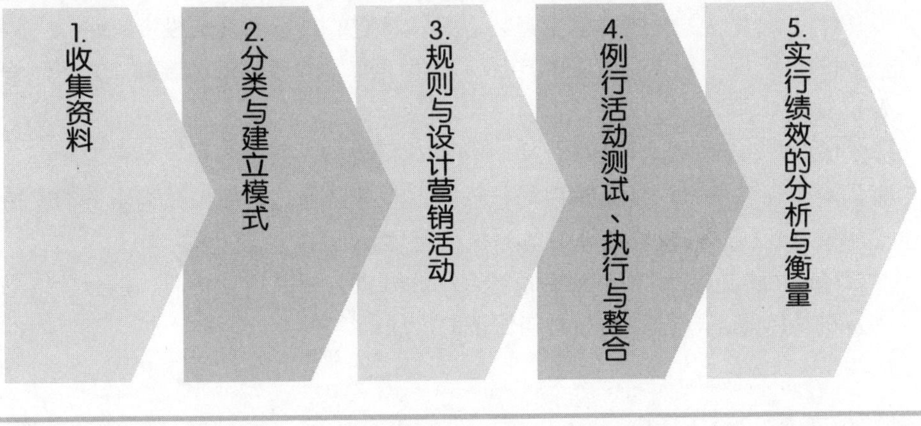

1. 收集资料
2. 分类与建立模式
3. 规则与设计营销活动
4. 例行活动测试、执行与整合
5. 实行绩效的分析与衡量

1-4 顾客关系管理的实践步骤、内容及循环

一、顾客关系管理的实践步骤

从沟通的角度来看，顾客关系管理的实践步骤如下。

(1)通过沟通，形成顾客关系。

(2)通过顾客关系深化，形成顾客忠诚度。

(3)通过顾客忠诚度深化，形成顾客价值。

(4)进一步深化顾客价值，形成顾客终生价值最大化。

顾客关系管理的目的是“顾客终生价值最大化”，但是企业若不知道如何衡量顾客价值，也就无法把它最大化。

二、顾客关系管理的基本内容

简单来说，CRM包括商品销售渠道及客服渠道、数据库、数据挖掘以及营销策略制订等四部分内容。

三、顾客关系管理的循环

1. 顾客关系管理的循环观点之一

(1)顾客关系管理的最终目的是让企业在与顾客互动的每一个接触点随时都能接收完整的顾客信息。

(2)在每一个接触点都能主动与其他顾客接触。

(3)企业若执行正确，能大大降低顾客流失率。

2. 顾客关系管理的循环观点之二

顾客关系管理是反复的过程，要不断将新的、实时的顾客信息转化为顾客关系。

(1)知识发现：分析顾客信息，以确认特定的市场商机与投资策略。

(2)市场规划：定义特定的产品、提供渠道（沟通渠道与接触点）、时程及从属关系。

(3)顾客互动：运用相关且实时的信息和产品，通过各种互动管理和办公室前端应用软件（包括营销自动化软件、业务自动化软件、顾客服务与支持应用软件、顾客互动应用软件等）执行管理企业和顾客之间的沟通。

(4)分析与修正：利用来自顾客互动的数据分析并持续学习，以分析结果为基础持续修正顾客关系互动与管理的方法。

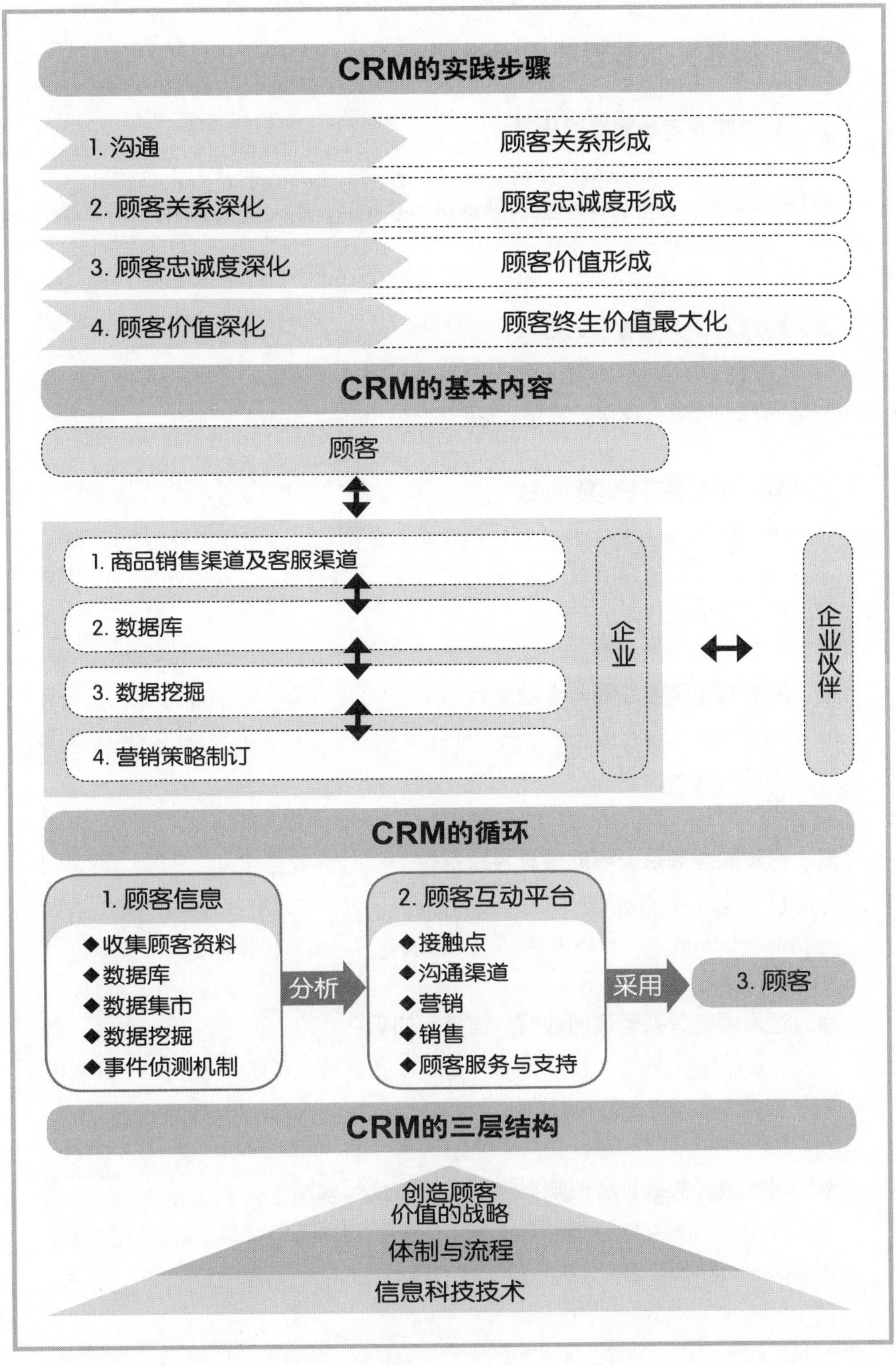

CRM的实践步骤

1. 沟通 → 顾客关系形成
2. 顾客关系深化 → 顾客忠诚度形成
3. 顾客忠诚度深化 → 顾客价值形成
4. 顾客价值深化 → 顾客终生价值最大化

CRM的基本内容

顾客

↕

企业：
1. 商品销售渠道及客服渠道
2. 数据库
3. 数据挖掘
4. 营销策略制订

企业 ↔ 企业伙伴

CRM的循环

1. 顾客信息
- ◆收集顾客资料
- ◆数据库
- ◆数据集市
- ◆数据挖掘
- ◆事件侦测机制

分析 →

2. 顾客互动平台
- ◆接触点
- ◆沟通渠道
- ◆营销
- ◆销售
- ◆顾客服务与支持

采用 →

3. 顾客

CRM的三层结构

创造顾客价值的战略

体制与流程

信息科技技术

1-5　顾客关系管理的七大步骤

一、分析顾客关系管理的环境

(1)总体环境：政治、法律、经济、社会、文化、科技、人口统计等。(2)产业环境：顾客、竞争者、供货商、替代品、潜在进入者等。(3)内部环境：公司本身的优势与劣势。

二、构建顾客关系管理的愿景

(1)重新界定事业领域。(2)分析顾客关系管理愿景的选项。(3)完成顾客关系管理的愿景、使命、目标与目的。

三、制订顾客关系管理的策略

(1)活动顾客分析工具：包括顾客满意度调查、忠诚度调查等。(2)制订顾客关系管理的策略体系，包括：经营模式、策略模式、策略选择、操作模式、效益评估模式。

四、展开顾客关系管理与企业流程再造

制订顾客关系管理的策略后要推行实施，企业势必进行企业流程重整以配合策略的推展。

五、构建顾客关系管理的信息科技系统

(1)顾客关系管理信息科技工具的分析、评估与选择。(2)以顾客关系管理信息科技系统雏形进行仿真。(3)顾客关系管理信息科技系统正式运转。

六、运用顾客关系管理的数据、信息、知识

(1)分析既有顾客。(2)分析潜在顾客与旧顾客。(3)建立数据库，并利用数据挖掘工具来规则化与回馈化。

七、利用顾客关系管理的知识形成完整的执行周期

(1)建立顾客关系管理的合作模式。(2)建构与活用顾客知识。(3)建立以顾客关系管理为基础的人力资源管理与发展体系。

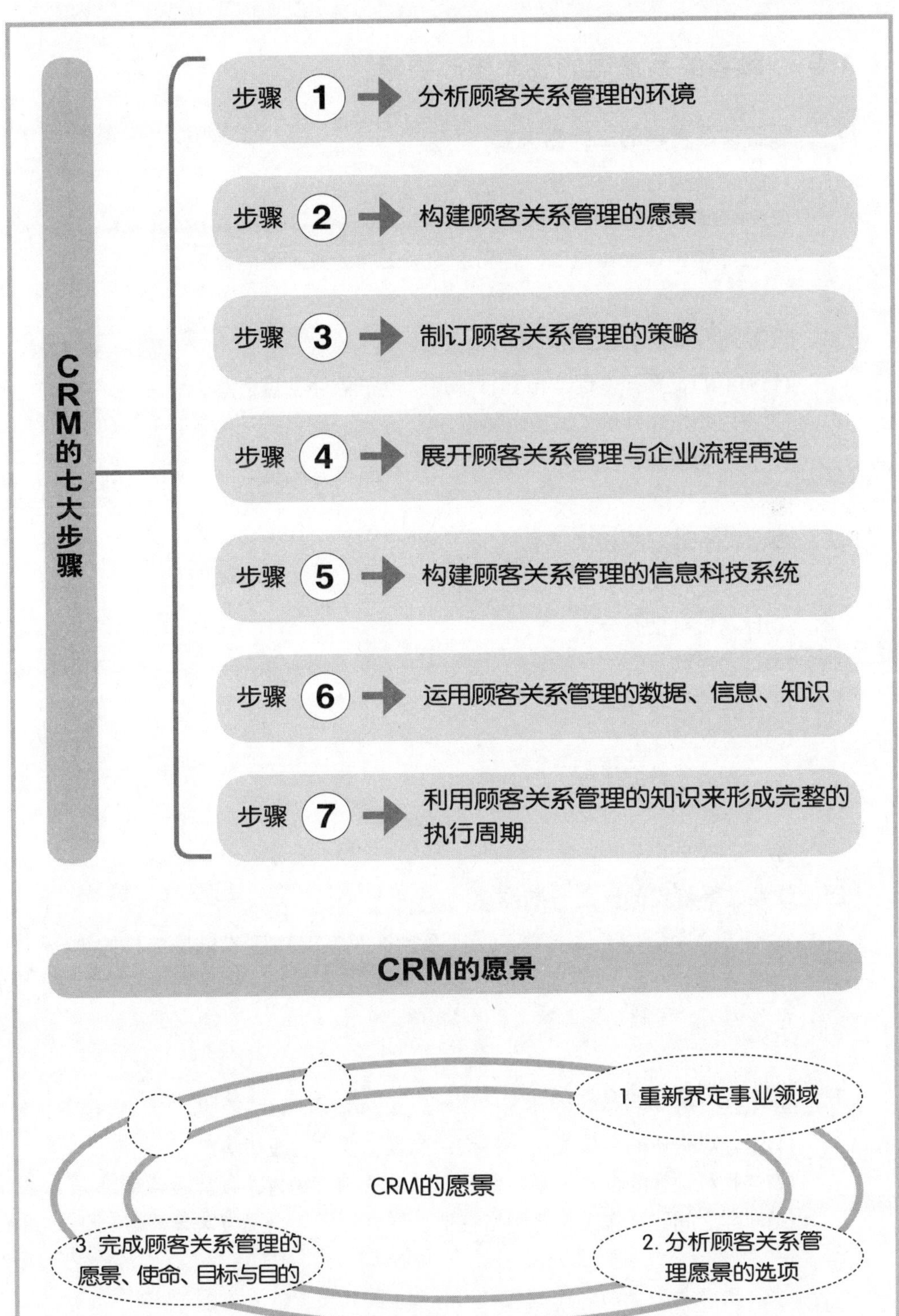
CRM的七大步骤
步骤 1 分析顾客关系管理的环境
步骤 2 构建顾客关系管理的愿景
步骤 3 制订顾客关系管理的策略
步骤 4 展开顾客关系管理与企业流程再造
步骤 5 构建顾客关系管理的信息科技系统
步骤 6 运用顾客关系管理的数据、信息、知识
步骤 7 利用顾客关系管理的知识来形成完整的执行周期
CRM的愿景
1. 重新界定事业领域
CRM的愿景
3. 完成顾客关系管理的愿景、使命、目标与目的
2. 分析顾客关系管理愿景的选项

1-6 顾客关系管理的五大核心要素

一、顾客关系管理的主要相关者

(1)外部顾客：最终顾客。

(2)外部顾客：企业伙伴。

(3)内部顾客：企业员工，有满意的员工才会有满意的顾客。

二、顾客关系管理的接触渠道

(1)利用的工具：电话、传真、邮寄、电子信件、短信等。

(2)利用的媒体：模拟式（人声、书写等）、数字式（声音、影像等）。

(3)利用的模式：完全自动化、半自动化等。

三、顾客关系管理的技术工具

(1)电话客服中心。

(2)计算机电话整合。

(3)行动自动化。

(4)销售力自动化。

(5)商务网站。

(6)数据库、数据集市。

(7)数据挖掘与知识管理。

四、顾客关系管理的一对一数据库

在不断扩充化与系统化之下，现今顾客关系管理已不只是工具的集合体，而是要制订一对一营销的信息科技解决方案。不论是数据库或数据集市，都是为了“了解个别顾客”而存在。

五、顾客关系管理的合作关系

(1)顾客对企业的合作关系：咨询、商量、要求、投诉等。

(2)企业对顾客的合作关系：营销研究、营销、销售、顾客服务等。

(3)顾客之间的合作关系：网络社群、同好社团、会员专区等。

CRM的五大核心要素

1. 顾客关系管理的主要相关者
2. 顾客关系管理的接触渠道
3. 顾客关系管理的技术工具
4. 顾客关系管理的一对一数据库
5. 顾客关系管理的合作关系

CRM的技术工具

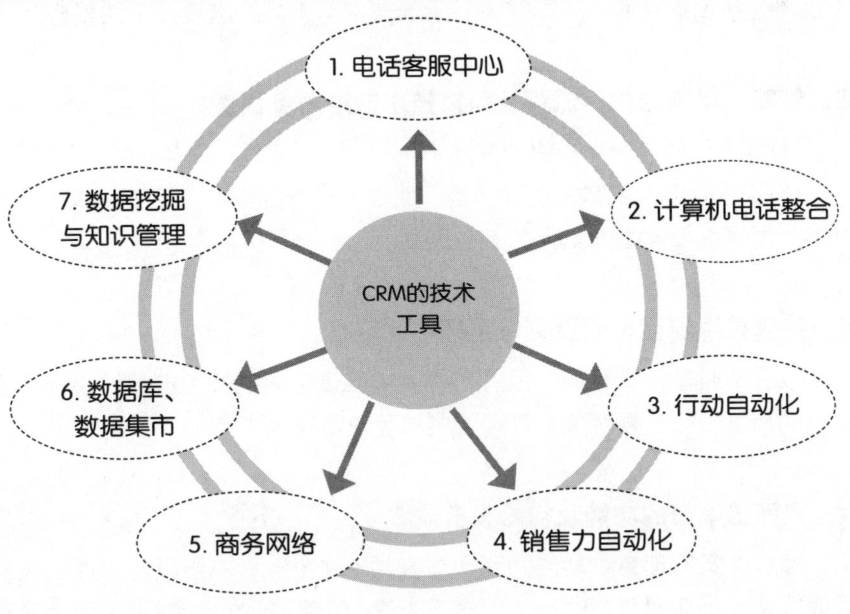

CRM战略的三要素

1. 针对个性化顾客的需求
2. 掌握顾客终生价值
3. 顾客群化分

1-7 顾客关系管理应用误区

一、误以为顾客关系管理只是一套系统或软件

顾客关系管理的思考重点不应该是系统与技术的构建，而应该是“通过企业与顾客间的持续互动学习，建立起具有价值的互利关系”。

二、顾客关系管理是大企业的专利，小企业是没有能力负担的

顾客关系管理是一整套有机系统，并非只有大企业才需要，才有能力负担，它对小企业同样重要。

三、各部门各自为政

顾客关系管理包括营销、销售、顾客服务等方向，如果任由各部门各自为政，会导致不同形态的顾客关系管理技术与工具的出现而无法整合。

四、策略、组织结构、流程及科技技术未能同步调整

(1)电子化与合理化应该如影随形。

(2)要避免导入顾客关系管理是一回事，企业的策略、组织结构及流程又是另一回事，彼此之间毫无关系与联动。

五、注重技术层面，而没有设定根本性策略

没有策略就没有目标，没有目标就很难设定明确的关键绩效指标，没有正确的衡量指标，顾客关系管理要成功可说是缘木求鱼。

六、只考虑系统的功能及初始设置成本

顾客关系管理系统功能的强大与否并不是重点，不要以为买进知名系统就能成功，企业要思考的是其功能是否符合企业现阶段的需求，同时又具备亲和性、稳定性和扩充性三大要素。

CRM的数据处理步骤及所应用的信息科技

CRM数据处理步骤		所应用的信息科技
1. 数据、信息的收集	→	数据收集 • 销售终端系统（POS） • 企业资源规划系统（ERP） • 电话客服中心（Call Center） • 电子订货系统（EOS）、电子数据交换（EDI） • 信用卡核发（Card Issue） • 市场调查与统计 • 网络日志（Web Log） • 信息服务亭（Kiosk） • 传真自动处理系统（Fax Server）
2. 数据、信息的储存与累积	→	数据储存 • 数据库（Database） • 数据仓库（Data Warehouse） • 数据集市（Data Mart） • 知识库（Knowledge Base） • 模型库（Model Base）
3. 数据、信息的分析与整理	→	数据挖掘 • 在线实时分析处理（OLAP） • 统计（Statistics） • 机器学习（Machine Learning） • 决策树（Decision Tree）
4. 数据、信息的展示与应用	→	可视化数据 • 主管信息系统（EIS） • 报表系统（Reporting） • 随机查询系统（Ad Hoc Query） • 决策支持系统（DSS） • 策略信息系统（SIS）

1-8 顾客关系管理收集分析顾客信息的方式

CRM所应用的技术，包括前端的电话客服中心（Call Center）、后端的数据仓库（Data Warehouse）、数据挖掘（Data Mining）、在线分析处理（On Line Analytical Processing, OLAP）及决策支持系统（Decision Support System, DSS），通过这些技术，企业才得以收集信息并加以分析。

一、顾客关系管理收集顾客信息的渠道

(1)电话客服中心：初期的电话系统，通过专线由专人接听，解决客户的问题；接着就是免付费专业服务出现，同样由专人接线，消费者不需支付任何电话费用。

(2)计算机辅助电话系统客服中心：客户拨电话至客服中心，经自动话务分配系统转接至语音查询系统。语音查询系统设置的目的是希望客户能在这一阶段自助解决较为常见的问题，以便节省人力。若客户问题无法在语音查询系统获得解决，再经自动话务分配系统转接至客服人员，同时会将客户信息及其欲查询的问题呈现在客服人员的计算机上。计算机还会同时显示为有关顾客查询项目所设计的话术，以辅助客服人员迅速解决问题。

(3)网络响应中心：扮演网络顾客与企业的沟通桥梁，可为顾客提供各种互动形态，包括语音交谈、文字交谈、电话回复、语音留言、电子邮件及网页互动等。

二、顾客关系管理分析顾客信息的方式

通过数据仓库来储存与分析数据，并通过趋势分析、市场分析和竞争分析等应用程序协助企业制订业务决策。

(1)数据仓库：一种存取方便的整合性数据存储器，来自各种不同源头的数据汇集在一起，并转换成有意义的主题或信息群组，以作为查询、报告、分配资源、决策制订以及思考的工具。

(2)数据挖掘：从数据库中找出相关的模式，并自动提取出可预测的信息，帮助企业预测顾客行为。

(3)还有在线分析处理工具及决策支持系统，这些系统可随时从数据仓库中获得实时且价值高的信息。

CRM收集顾客信息的渠道

1. 电话客服中心
（Call Center）

2. 计算机辅助电话系统客服中心
（CTI–Base Call Center）

3. 网络响应中心
（Internet Call Center）

CRM分析顾客信息的方式

数据仓库（Data Warehouse）

数据挖掘（Data Mining）

=

分析顾客信息并加以应用

1-9 顾客关系管理对企业的经营效益（一）

一、长期维系顾客忠诚度

顾客关系管理指企业为了赢取新顾客、巩固既有顾客以及增进顾客利润贡献度，通过不断沟通以了解并影响顾客行为的方法。

通过良好的顾客关系管理系统，企业可以与顾客建立起更长久的双向关系，这对企业来说非常重要。对企业而言，长期的忠诚顾客比仅仅在乎价格的短期顾客更有价值。长期顾客具有以下特点。

(1)更容易挽留。

(2)每年消费更多。

(3)每次消费更多。

(4)会购买较高价位的产品。

(5)服务成本比新顾客低。

(6)会免费宣传，并介绍新顾客。

因此，顾客关系管理能提供给企业的最大效益显然就是长期维系顾客忠诚度，这也使得绝大多数企业开始试图通过顾客关系管理建立顾客终生价值与获取利润。因此，我们可以如此说，顾客关系管理是让企业通过适当的渠道，在适当的时机，以适当的产品与适当的顾客做沟通。

二、顾客关系管理可带来的五项益处

(1)鼓励忠诚顾客消费：企业不用在开发新客户上花费过多的营销成本，只要鼓励忠诚顾客持续消费，就能达成增加获利的目标。

(2)维持顾客忠诚度：维持稳固顾客的忠诚度，使竞争对手要对企业现有的顾客群“挖角”必须投入更多的成本。

(3)选择为企业带来利润的顾客：了解能为企业带来利润的是哪一类型的顾客，把营销资源投注在此类顾客身上，避免营销资源的浪费。

(4)找到真正的有效顾客：一旦企业了解真正的目标客户在哪里，将更容易促销新产品给市场上的顾客，避免在寻找客户上投入过多的人力与物力。

(5)创造顾客终生价值：通过顾客终生价值的累积来帮助企业长期获利，并能“扼杀”竞争对手的成长。

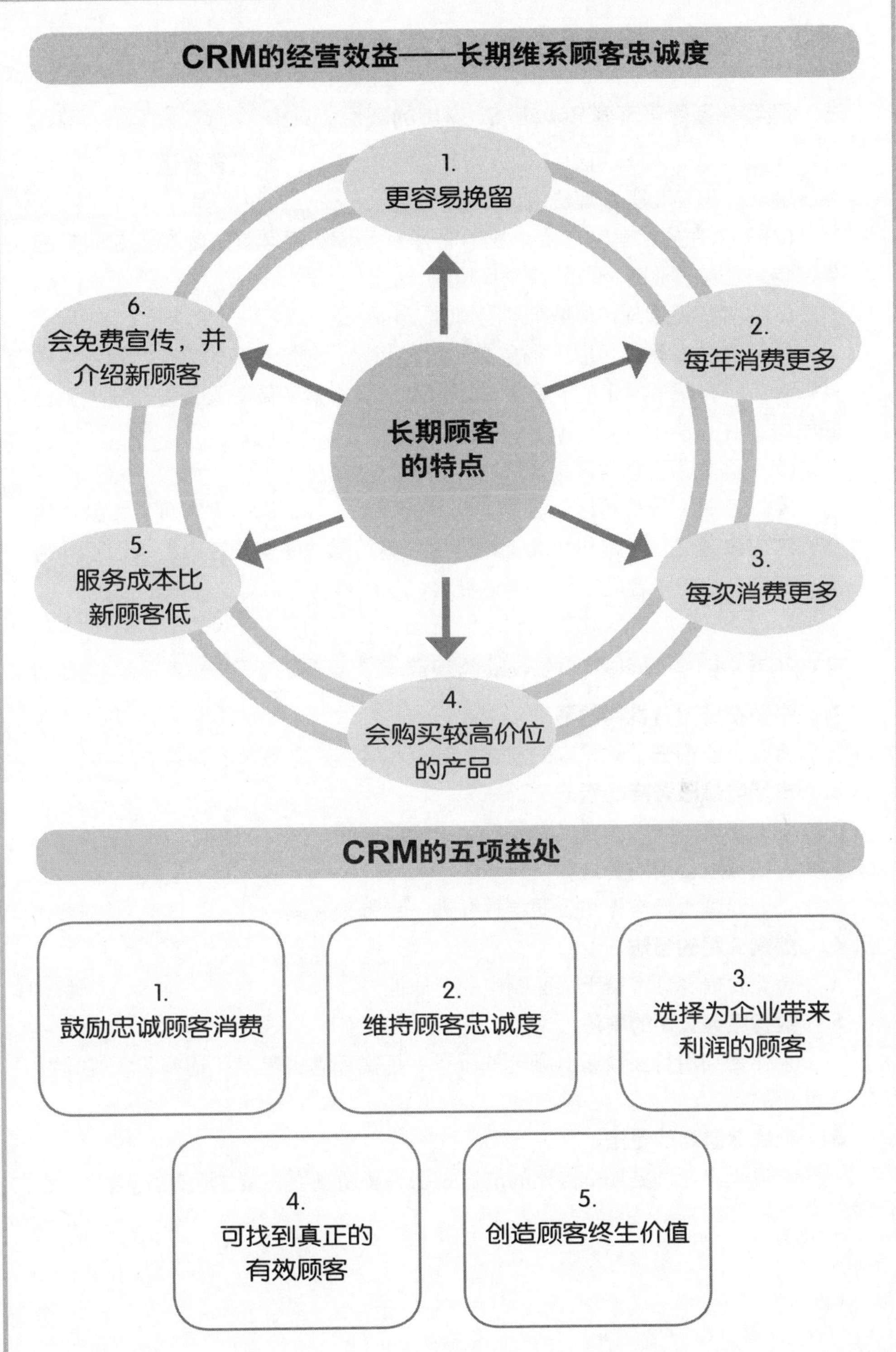
CRM的经营效益——长期维系顾客忠诚度
长期顾客的特点
1. 更容易挽留
2. 每年消费更多
3. 每次消费更多
4. 会购买较高价位的产品
5. 服务成本比新顾客低
6. 会免费宣传，并介绍新顾客
CRM的五项益处
1. 鼓励忠诚顾客消费
2. 维持顾客忠诚度
3. 选择为企业带来利润的顾客
4. 可找到真正的有效顾客
5. 创造顾客终生价值

1-10 顾客关系管理对企业的经营效益（二）

三、顾客关系管理专家Ronald S. Swift的观点

(1)顾客关系管理可以降低开发新顾客的成本，即节省营销、邮寄、联系、追踪、满足和服务等费用。

(2)顾客关系管理可以使企业不需开发太多新顾客就能维持稳定的交易量，特别是在企业对企业的营销环境里。

(3)顾客关系管理可以降低销售成本。

(4)顾客关系管理可以获得更高的顾客利润，包括更多的追踪销售、更多从顾客满意和服务而来的介绍名单，以及从现有购买做交叉销售和向上销售的能力。

(5)顾客关系管理可以提高顾客存留率及忠诚度。

(6)顾客关系管理可以达成顾客获利的评估，知道哪些顾客真有贡献；哪些顾客应该通过交叉销售和向上销售提升其贡献；哪些顾客可能永远不具利润贡献度；哪些顾客应被外部渠道管理；哪些顾客可以带来未来的商机。

四、顾客关系管理专家Jill Dyche的观点

1. 中型市场财务机构的看法

希望企业彻底了解顾客的需求，甚至比顾客本身更早发现其需求。

2. 市场电信服务商的看法

企业要提高顾客满意度来降低其更换公司的可能。

3. 在线保险公司的看法

企业要刺激顾客先和公司接触并进一步带来利润。

4. 邮购公司的看法

企业要提高顾客给予正面响应的可能性。

5. 数据服务公司的看法

企业要利用科技改善对顾客的服务并提高顾客区隔度，达到和顾客间更个性化的互动。

6. 在线零售商的看法

希望企业通过更加个性化的沟通吸引更多新顾客，留住既有顾客。

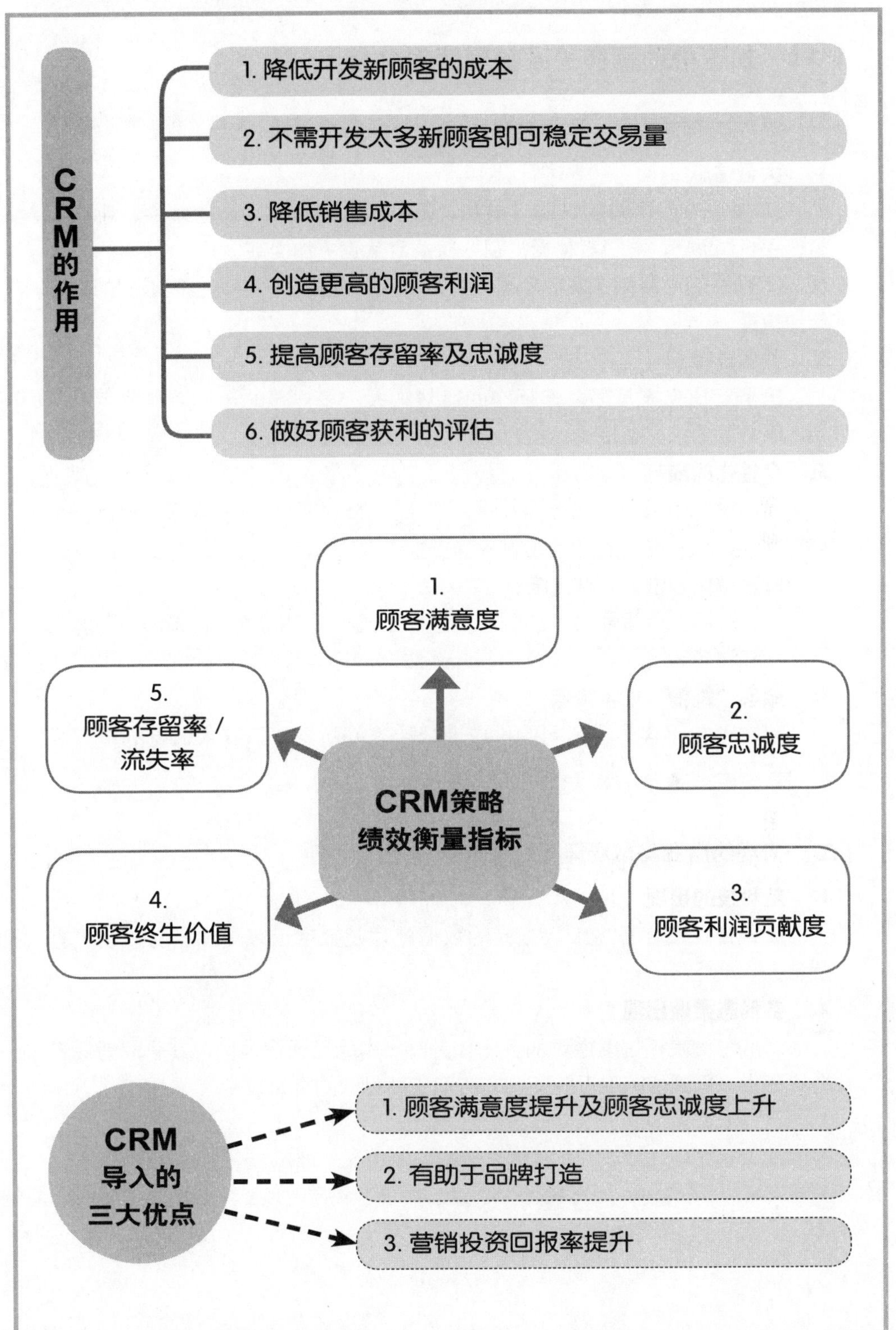
CRM的作用
1. 降低开发新顾客的成本
2. 不需开发太多新顾客即可稳定交易量
3. 降低销售成本
4. 创造更高的顾客利润
5. 提高顾客存留率及忠诚度
6. 做好顾客获利的评估
CRM策略绩效衡量指标
1. 顾客满意度
2. 顾客忠诚度
3. 顾客利润贡献度
4. 顾客终生价值
5. 顾客存留率 / 流失率
CRM导入的三大优点
1. 顾客满意度提升及顾客忠诚度上升
2. 有助于品牌打造
3. 营销投资回报率提升

1-11　加速推动顾客关系管理背景分析（一）

一、顾客越来越聪明，选择越来越多，要求越来越高

1.　大量信息

(1)信息来自不同的媒体（电视、报纸、广告文宣、电子邮件、手机短信、手机App），消费者越受重视，权益自然也更加提高。

(2)网络的发展使许多小公司无须花费巨额经费打广告，也能够向消费者传递信息。

2.　更多选择

消费者信息充足后，选择空间自然加大，多样化的选择让消费者对产品、服务的要求日益提高。

3.　个性化的商品

当商家竞争激烈到相当程度时，产品、价格和服务等差异都压缩到极小的程度，此时个性化的产品或服务就更重要。

4.　顾客难以取悦，忠诚度降低

各种产品竞争激烈时，消费者可选择、比较的空间扩大，无形中顾客忠诚度下降许多。

5.　顾客“跳槽”成本降低

现在顾客更容易在不同的供应商或店家间游走，以谋求自身的最大利益。在网络世界里，此一现象更为明显。

二、宏观的商业与市场环境

1.　新科技的出现

高科技，使许多庞大数据库的数据处理及数字运算更加容易，也更有效率。

2.　多形态渠道出现

网络时代使销售渠道更加多元化。以日本的光通信为例，其采取消费者在线订货，再到住家附近的便利商店取货并付款的机制。

加速推动CRM的四项背景分析

1. 顾客越来越聪明，选择越来越多，要求越来越高

(1)大量信息
(2)更多选择
(3)个性化商品
(4)顾客难以取悦，忠诚度降低
(5)顾客“跳槽”成本降低

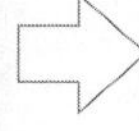

2. 宏观的商业与市场环境

(1)新科技出现
(2)多形态渠道出现
(3)因特网无远弗届
(4)运营范围扩大

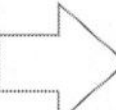

3. 微观商业环境

(1)以顾客为中心的企业经营策略
(2)顾客维持率是努力重点
(3)将顾客分为不同层级，采取不同的策略
(4)与顾客实际互动不够

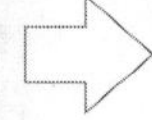

4. 顾客忠诚度保持不易

(1)商品或服务的瑕疵
(2)低价格竞争
(3)商品或服务与别家并没有明显差异
(4)顾客喜新厌旧或使用习惯改变

1-12 加速推动顾客关系管理背景分析（二）

3. 网络无远弗届

网络使交易不受限制，以前商家数目不多，提供给消费者选择的空间不大，客户的流动率不高，但现在商家得多花费心力维持既有的客户群才行。

4. 运营范围扩大

经济的发展及运营范围的扩大要求企业加强对顾客的管理。

三、微观商业环境

(1)以顾客为中心的企业经营策略。

(2)顾客维持率是努力重点。

(3)将顾客分为不同层级，采取不同的策略。

(4)与顾客实际互动不够。

四、顾客忠诚度不易保持

《哈佛商业评论》（*Harvard Business Review*）研究指出，平均每一家公司每年会流失10%的既有客户。如此一来，10年后每家公司的顾客数据库将与今日完全不同！

顾客的忠诚度随着时间而降低，其原因大概有下列几点。

(1)商品或服务的瑕疵。

(2)低价格竞争。

(3)商品或服务与别家并没有明显差异。

(4)顾客喜新厌旧或使用习惯改变。

加速推动CRM的微观商业环境

1.
以顾客为中心的企业经营策略

2.
顾客维持率是努力重点

3.
将顾客分为不同层级，
采取不同的策略

4.
与顾客实际互动不够

顾客忠诚度不易保持

1.
既有产品质量不够好

2.
面对竞争对手低价抢客

3.
商品或服务并无差异化特性

4.
顾客喜新厌旧或习惯改变

第 2 章

顾客关系管理分析

2-1 企业推动顾客关系管理的原因和目的

一、企业推动顾客关系管理的原因

(1)从本质看：彼得·德鲁克的名言“顾客是企业存在的理由，企业的目的就在于创造顾客，顾客是企业营收与获利的唯一来源”。

(2)从竞争看：市场竞争者众多，各行各业已处在高度激烈竞争环境中，每个竞争对手都在进步、都在创新、都在运用激烈的手段抢夺顾客及瓜分市场。

(3)从顾客看：顾客也在不断进步，顾客的需求不断变化，要求的水平也越来越高，企业必须以顾客为中心，随时不断地满足顾客高水平的需求。

(4)从信息科技看：现代化信息软硬件功能不断革新进步，成为可以有效运用的工具。

(5)从企业自身看：企业也强烈体会到唯有不断强化及提升自身以顾客为中心的营销核心竞争能力，才能在竞争者中脱颖而出。

二、企业推动顾客关系管理的目的

(1)实现精准营销：在营销成本支出最合理的前提下达成最精准与最有效果的营销。

(2)提升顾客满意度：顾客永远不会100%满意，同时也在不断改变其满意度的内涵。通过CRM机制，企业可持续提升顾客的满意度，令顾客对企业产生好口碑及好评价。

(3)提高顾客忠诚度：顾客满意度并不完全等同于顾客忠诚度，有时顾客虽然满意，但不会在行为上、再购率上及心理上展现出高忠诚度。运用CRM机制，企业可以提升顾客对品牌的忠诚度。

(4)达成营销绩效：CRM的数据化效益目标当然也要呈现在营收、获利、市场占有率和市场领导品牌等可量化的绩效目标上。

(5)完善企业形象：企业形象与企业声誉是企业生命的根本，CRM可以创造更多忠诚顾客，提升其对企业形象的评价。

(6)巩固既有顾客并开发新顾客：CRM一方面要巩固及留住既有顾客，尽量使顾客流失率降到最低，另一方面也要开发更多的新顾客，使企业成长。

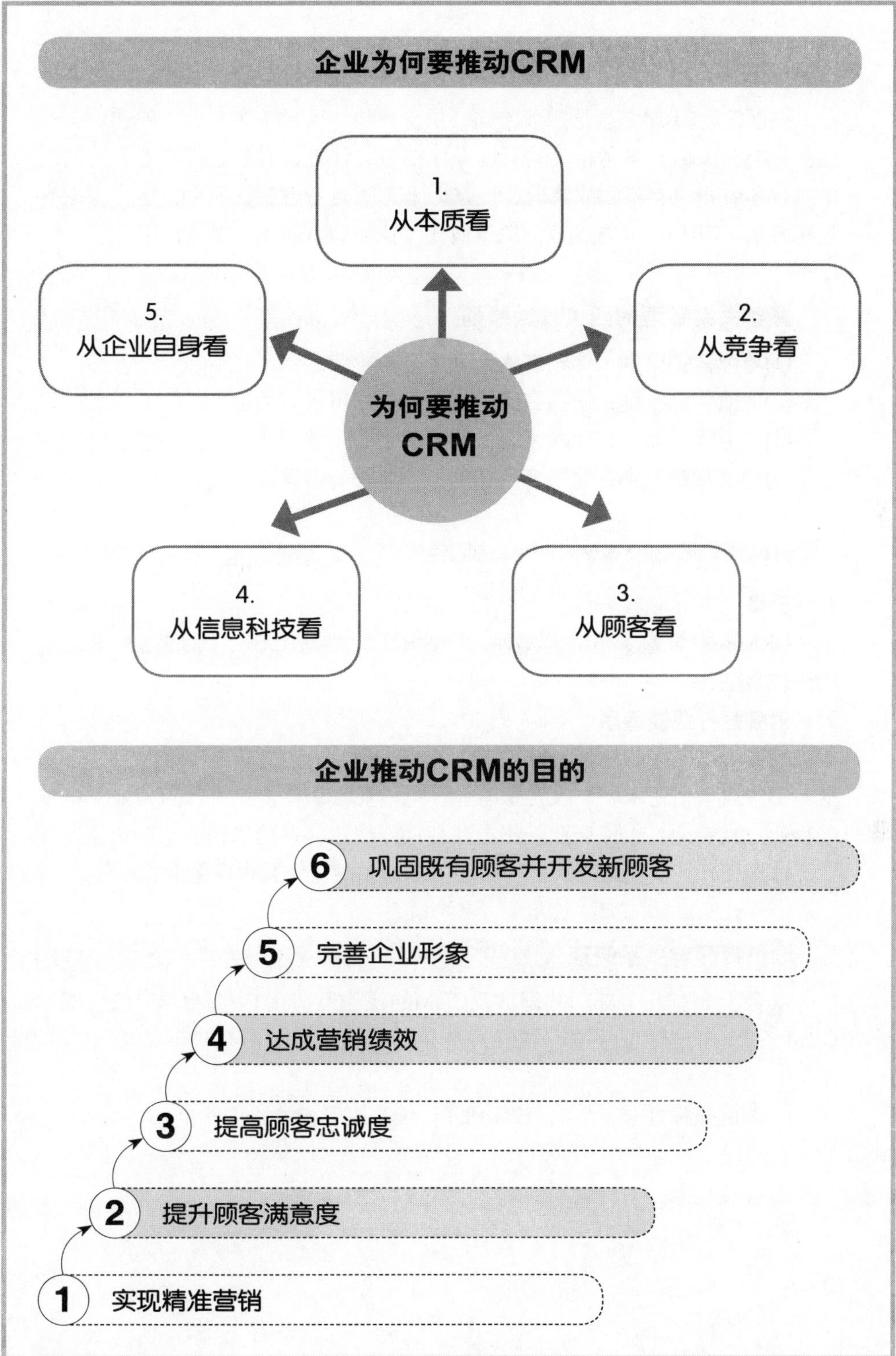
企业为何要推动CRM
1.
从本质看
2.
从竞争看
3.
从顾客看
4.
从信息科技看
5.
从企业自身看
为何要推动
CRM
企业推动CRM的目的
6 巩固既有顾客并开发新顾客
5 完善企业形象
4 达成营销绩效
3 提高顾客忠诚度
2 提升顾客满意度
1 实现精准营销

2-2 全面推动顾客关系管理概述

全面推动CRM必须从四大方向（信息科技，营销策划与业务销售，会员经营，经营策略）思考相关的具体操作细节与计划，当然各行各业有不同的重点，各公司也有不同的情况，但是，唯有同时考虑到这四个方向，采取有效的方案，CRM产能有成效。以下概述为执行CRM时应掌握的原则。

一、顾客关系管理的四大营销原则

(1)尊荣营销原则：让顾客感受到更高的尊荣感。

(2)价值营销原则：让顾客感受到更多的物超所值感。

(3)服务营销原则：让顾客感受到更美好的服务感。

(4)感动营销原则：让顾客感受到更多惊奇与感动。

二、对谁做顾客关系管理

1. 分类

CRM的对象基本上分为两种，一是B2C，二是B2B。一般来说，B2C应用比较常见。

2. 对哪些行业较适用

顾客人数众多的消费性行业及服务性行业，比较适合导入CRM系统，包括：银行业（信用卡）、人寿保险业、电信业（移动电话）、百货业、电视购物业、直销业、大饭店业、超市、餐饮连锁业、书店连锁业、药妆店连锁业、休闲娱乐业、量贩店、购物中心、名牌精品业、其他服务业。

三、谁负责顾客关系管理

实务上会有几个部门共同涉及CRM的操作及应用，包括CRM信息部、CRM经营分析部、业务部、会员经营部、营销企划部、经营企划部，以及服中心部。

CRM的操作并非某个部门单独负责，而是需要相关的几个部门通力合作。

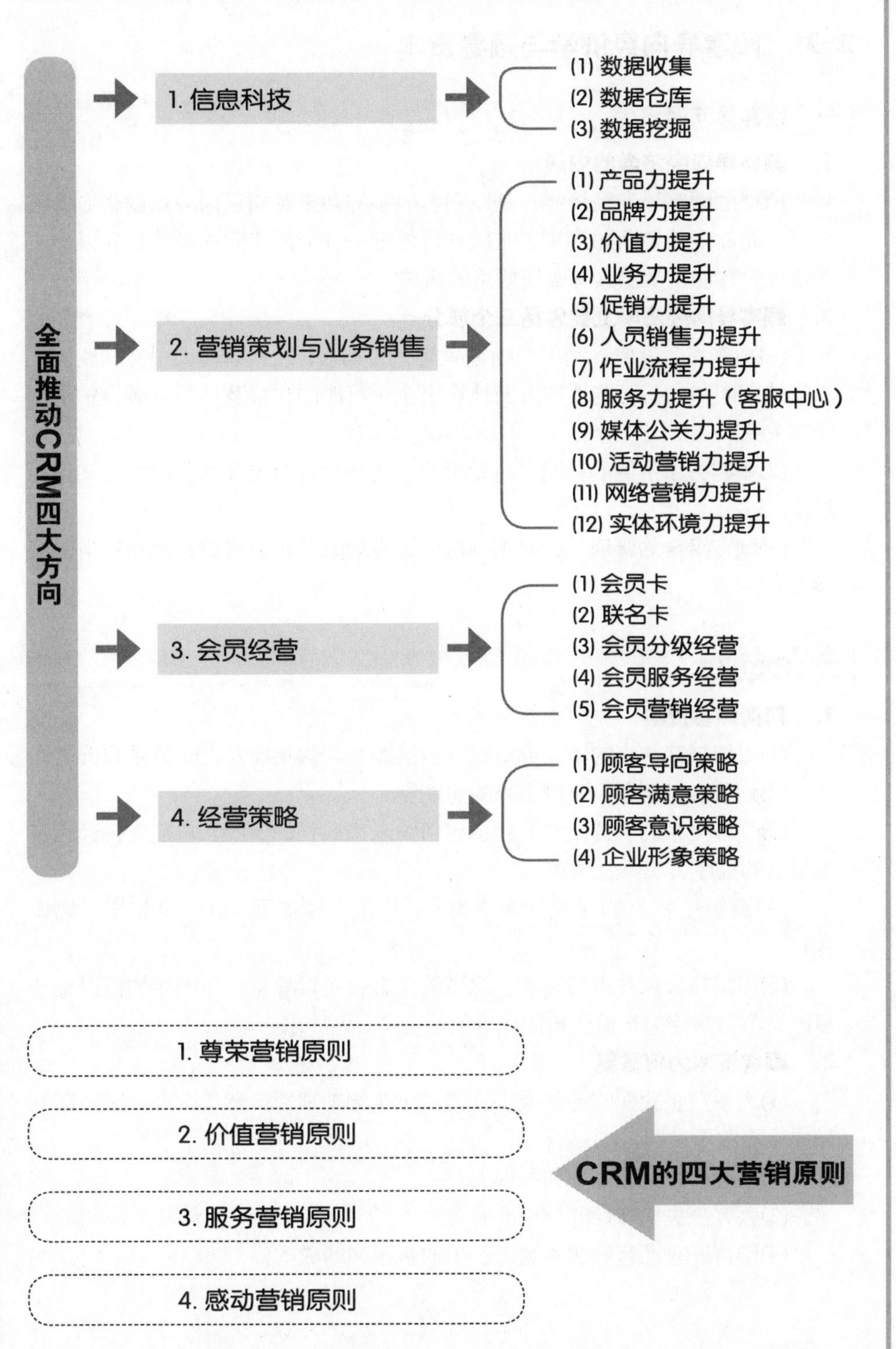
全面推动CRM四大方向
1. 信息科技
(1) 数据收集
(2) 数据仓库
(3) 数据挖掘
2. 营销策划与业务销售
(1) 产品力提升
(2) 品牌力提升
(3) 价值力提升
(4) 业务力提升
(5) 促销力提升
(6) 人员销售力提升
(7) 作业流程力提升
(8) 服务力提升（客服中心）
(9) 媒体公关力提升
(10) 活动营销力提升
(11) 网络营销力提升
(12) 实体环境力提升
3. 会员经营
(1) 会员卡
(2) 联名卡
(3) 会员分级经营
(4) 会员服务经营
(5) 会员营销经营
4. 经营策略
(1) 顾客导向策略
(2) 顾客满意策略
(3) 顾客意识策略
(4) 企业形象策略
1. 尊荣营销原则
2. 价值营销原则
3. 服务营销原则
4. 感动营销原则
CRM的四大营销原则

2-3 顾客导向经济学与顾客资本

一、顾客导向经济学

1. 顾客导向经济学的内涵

所谓的顾客导向经济学，是以顾客关系的数量及质量为观点做企业价值分析。企业应该要认知到顾客是股东价值唯一且最终实质的源头，并以事实为依据，才能发展出具有实质效用的策略。

2. 顾客导向经济学主要包括三个部分

(1)顾客关系价值：利用“顾客净值”的概念，从顾客群大小、利润、关系持续期间和购买可能性等方面计算出企业可能的收益及是否值得投资于该顾客关系。

(2)顾客关系价值的分配：有助于企业选择目标市场及对获取顾客知识的投资。

(3)顾客组合的管理：针对不同区隔，有效分配企业资源，构建适当的营销策略。

二、顾客资本

1. 何谓顾客资本

(1)组织与其往来的个人或组织（包括顾客与供货商）之间关系的价值。

(2)顾客会一直和企业做生意的可能性。

(3)顾客关系的价值以及此价值对组织未来成长的贡献，包括支持顾客资本增长的程序、工具及技术。

(4)组织经销权的深度（渗透力）、广度（涵盖面），以及黏度（忠诚度）。

(5)组织在发展并维持有利、忠诚的顾客关系过程中，所产生的得以提升组织竞争力的相关知识、技能或价值。

2. 顾客资本为何重要

(1)大多数企业面临毛利减少、产品生命周期缩短、竞争激烈，以及高营销成本等四项难题。

(2)顾客忠诚度提高的利益很大。

(3)顾客流失率降低的效果显著。

(4)维持既有顾客的成本远低于争取新顾客的成本。

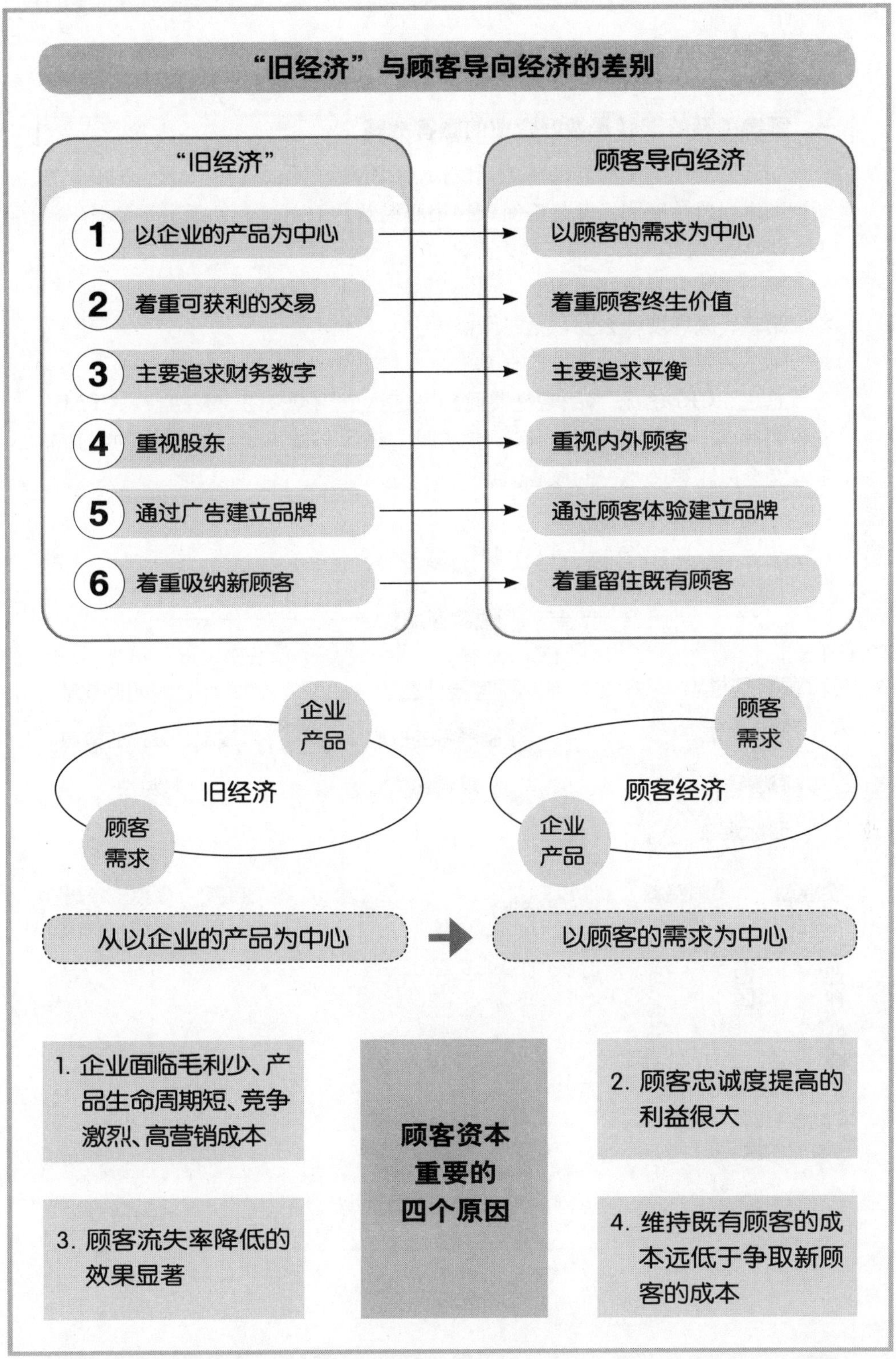

“旧经济”与顾客导向经济的差别

“旧经济”		顾客导向经济
1 以企业的产品为中心	→	以顾客的需求为中心
2 着重可获利的交易	→	着重顾客终生价值
3 主要追求财务数字	→	主要追求平衡
4 重视股东	→	重视内外顾客
5 通过广告建立品牌	→	通过顾客体验建立品牌
6 着重吸纳新顾客	→	着重留住既有顾客

旧经济：企业产品、顾客需求

顾客经济：顾客需求、企业产品

从以企业的产品为中心 → 以顾客的需求为中心

顾客资本重要的四个原因

1. 企业面临毛利少、产品生命周期短、竞争激烈、高营销成本
2. 顾客忠诚度提高的利益很大
3. 顾客流失率降低的效果显著
4. 维持既有顾客的成本远低于争取新顾客的成本

2-4 顾客关系管理就是企业的顾客战略

一、顾客关系管理就是做好企业的顾客战略

如下图所示，用一句简单的话概括，CRM就是做好企业的顾客战略，亦即把顾客当成战略观点及战略对象来用心经营。

CRM的顾客战略包括三件大事。

第一，顾客是谁?

第二，顾客要什么?

第三，要对顾客如何做?

总之，CRM的顾客战略是要回到顾客这个原点来考虑及执行，CRM不能脱离顾客，不能不了解顾客，要实时、细致与圆满地满足顾客的各种需求，完全以顾客为唯一的核心。

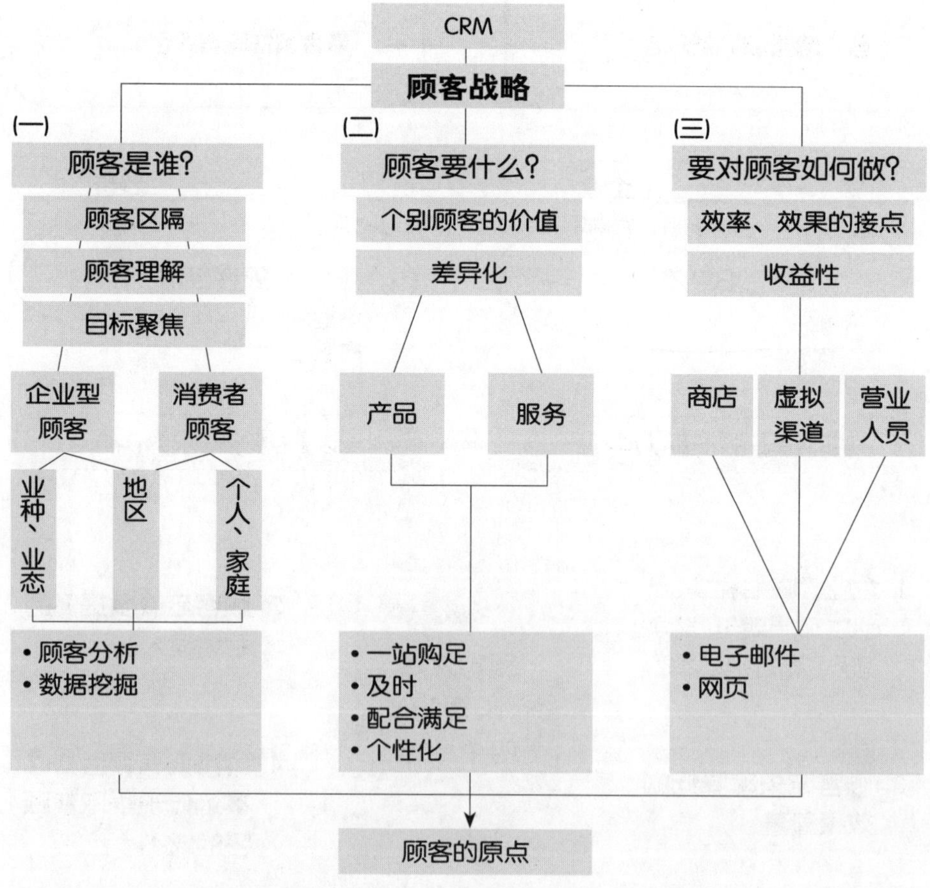

二、顾客关系管理实践的四个层次

如下图所示，从企业实务来看，CRM实践大致有四个层次。

第一层（最上层）：战略层，即公司对待顾客的战略是什么。

第二层：知识层，即对顾客的轮廓能否认识清楚并掌握。

第三层：企业运营的流程、组织、营销及营业等，企业希望CRM能够充分支持及协助营业与营销的拓展。

第四层：工作表及信息科技操作工作的支持，也就是CRM的基础建设工程。

CRM实践的四个层次

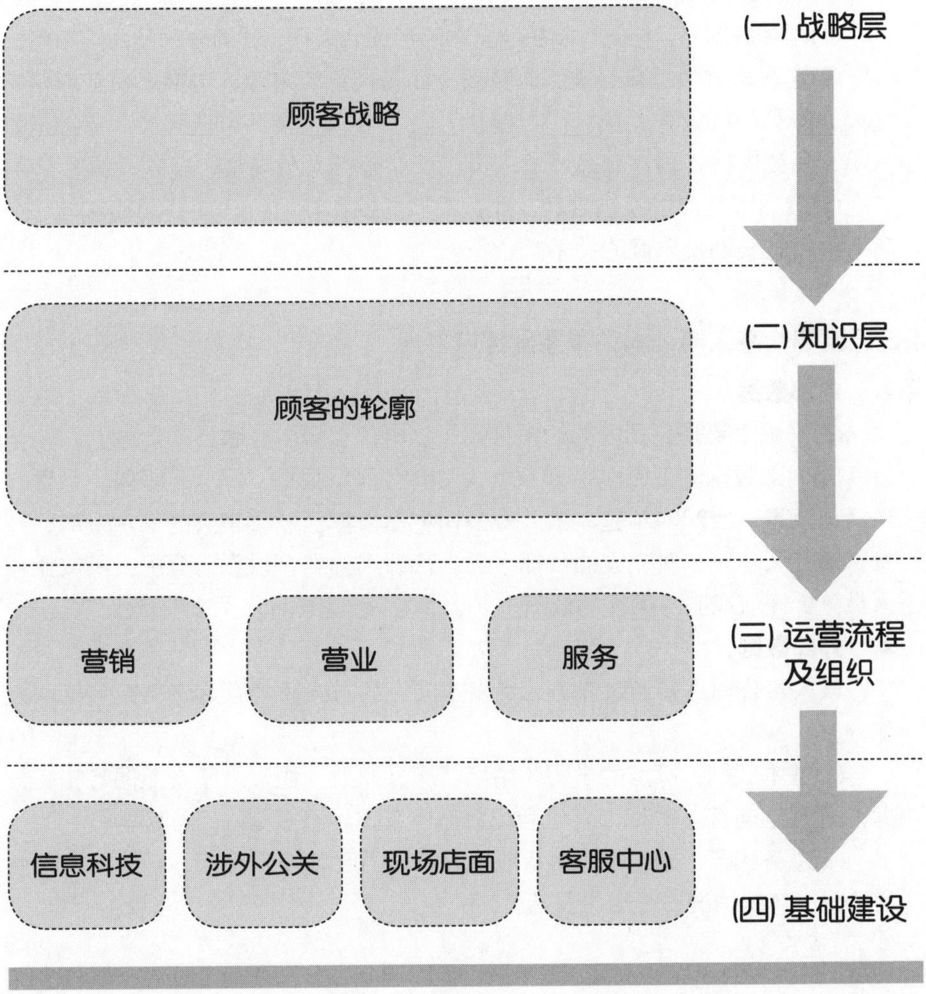

2-5 从“顾客”到“个客”

简要描述CRM，就是如何从一大群顾客中，抽离出个别性的或定制化的“个人顾客”，让其享受到个人对待服务，这就是一个从“顾客”到“个客”（From Customer to Personal Customer）的个性化服务过程。

一、掌握“个客”需求的变化并加以满足的本质

企业应该从数据库中明确掌握顾客的个人生活形态与消费形态的任何变化，然后从这些变化中掌握他们的需求是否也因此而有所改变。接着，企业应思考如何在商品及服务的创新上积极应对。

二、“个客”数据库的统合是顾客关系管理的基本

(1)顾客数据库，首先可以在公司内部形成共有化、共同分享及共同使用。

(2)这些顾客数据库会被不断更新，而新信息的来源，包括公司全部相关部门，即第一线业务人员、门市销售人员、专柜人员、市调人员、营销企划人员、后勤支持人员、商品开发人员、产业分析人员与策略规划人员等。

(3)最后则是通过营销活动、业务活动的操作及执行，使公司能够与“个客”维持较长期及忠诚的关系。

三、案例：某人寿公司的顾客数据内容

1. 内部数据

(1)来源主要是公司内部的销售人员、电子客服中心和公司网站。

(2)内部数据的范围包括客户个人资料、保单数据、保全、理赔、保费、电话记录等。自2004年起，该人寿公司更是根据已经收集到的保户资料，开发营销专区功能，对完成的目标市场进行筛选分类，以作为分析人员或业务人员分析评估或服务顾客的依据。

2. 外部数据

该人寿公司主要通过业务人员发放问卷的方式收集顾客资料，包括两大部分。

(1)基本数据：顾客的学历、婚姻状况、职业、职位、子女配偶等相关数据，通过这些基本数据，企业利用数据库系统，可以筛选目标顾客。

(2)财务状况：顾客的个人年收入、个人月平均投资金额、理财工具、住房情况、房贷情况、是否投保等。

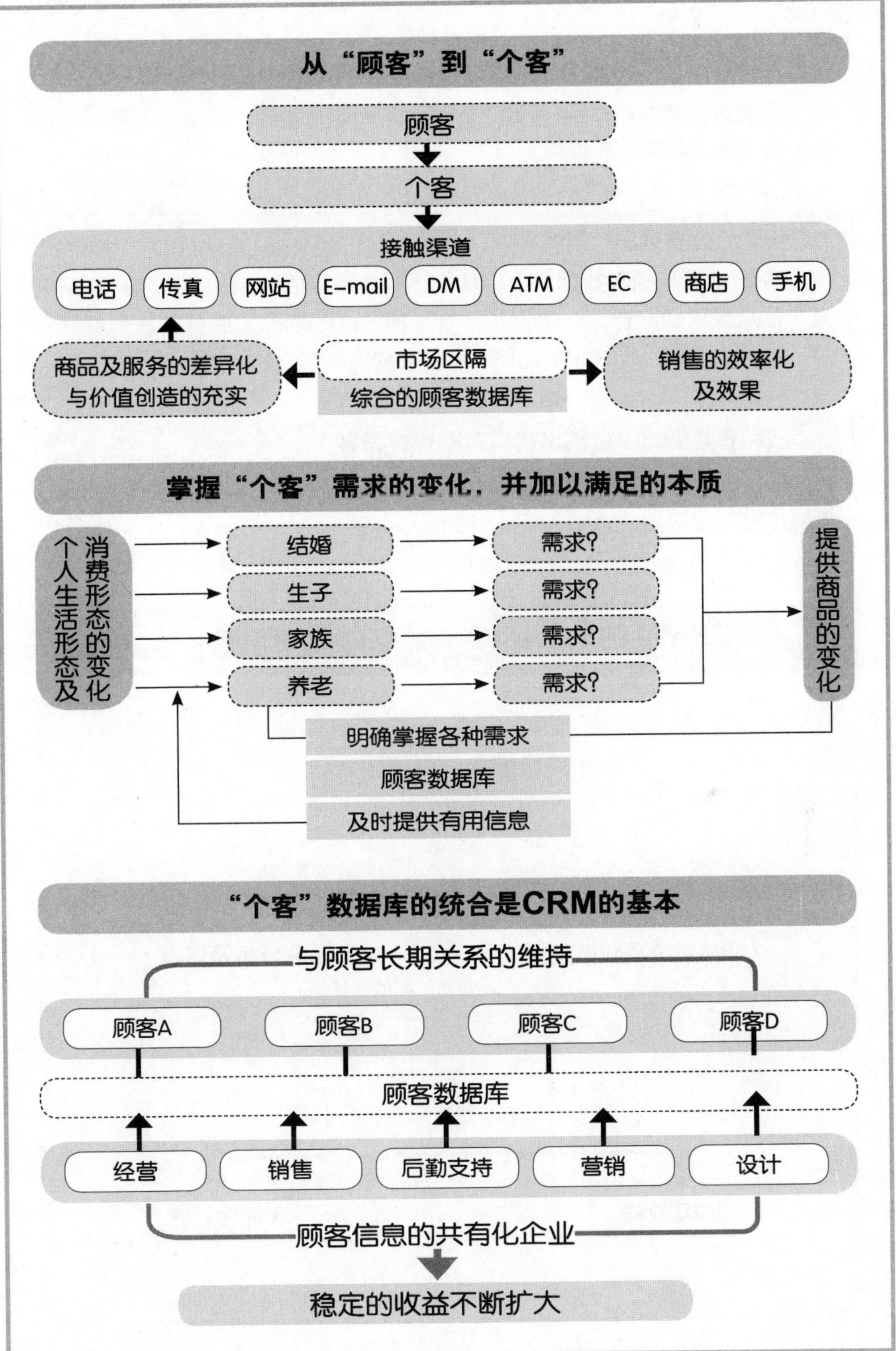
从“顾客”到“个客”
顾客
个客
接触渠道
电话
传真
网站
E-mail
DM
ATM
EC
商店
手机
商品及服务的差异化与价值创造的充实
市场区隔
综合的顾客数据库
销售的效率化及效果
掌握“个客”需求的变化，并加以满足的本质
个人生活形态及消费形态的变化
结婚
生子
家族
养老
需求?
需求?
需求?
需求?
提供商品的变化
明确掌握各种需求
顾客数据库
及时提供有用信息
“个客”数据库的统合是CRM的基本
与顾客长期关系的维持
顾客A
顾客B
顾客C
顾客D
顾客数据库
经营
销售
后勤支持
营销
设计
顾客信息的共有化企业
稳定的收益不断扩大

2-6 顾客数据库是顾客关系管理的重点

顾客数据库是CRM的重点，企业必须构建完整的、正确的、及时更新的，以及多元的顾客数据库。

一、顾客关系管理是一种组合性工作

CRM就是从顾客数据库中，抽取出某些特定的营销活动所需的数据信息，然后展开实际行动，提供“个客”所需要的商品或服务，达到每一个“个客”的满足。而CRM的功能，即是串联这种组合性的工作。

二、从顾客数据库中区隔出优良与非优良顾客

CRM的功能之一，就是要从顾客数据库中，依据各种消费数据，准确地区隔出哪些人是公司的优良顾客，哪些人不是。

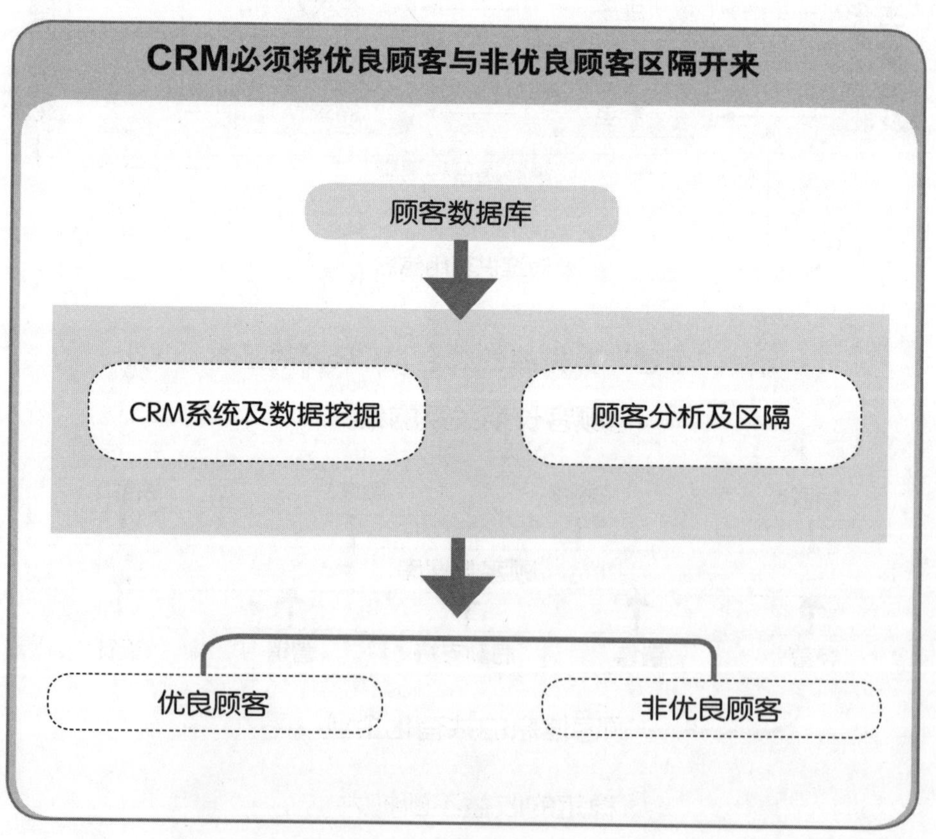

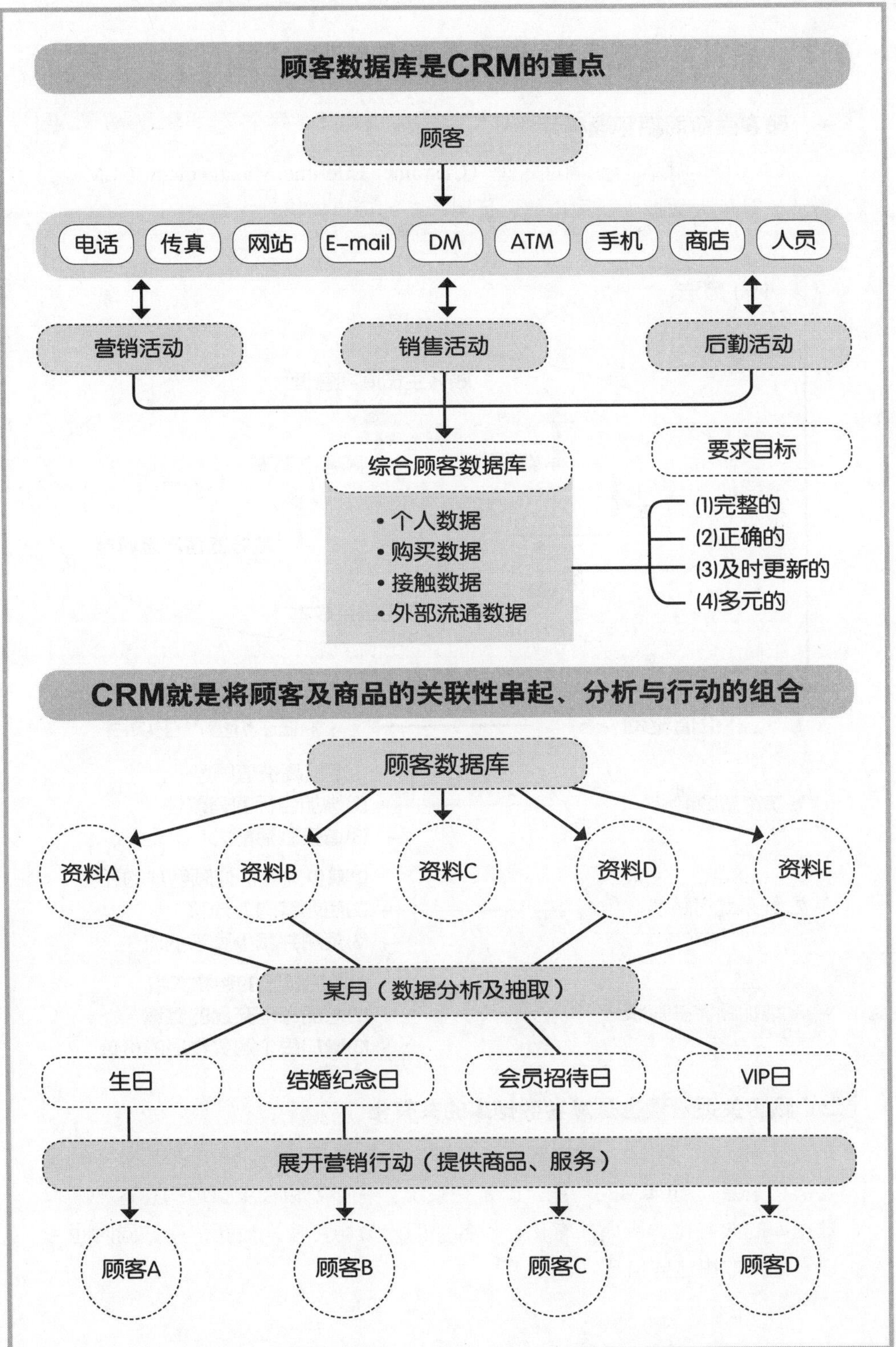
顾客数据库是CRM的重点
顾客
电话
传真
网站
E-mail
DM
ATM
手机
商店
人员
营销活动
销售活动
后勤活动
综合顾客数据库
• 个人数据
• 购买数据
• 接触数据
• 外部流通数据
要求目标
(1)完整的
(2)正确的
(3)及时更新的
(4)多元的
CRM就是将顾客及商品的关联性串起、分析与行动的组合
顾客数据库
资料A
资料B
资料C
资料D
资料E
某月（数据分析及抽取）
生日
结婚纪念日
会员招待日
VIP日
展开营销行动（提供商品、服务）
顾客A
顾客B
顾客C
顾客D

2-7 顾客关系管理与顾客生命周期管理

一、顾客生命周期管理框架

CRM中的顾客生命周期管理（Customer Lifetime Management, CLM）的方法，是从大数据中获取价值，运用一系列项目来提供支持。

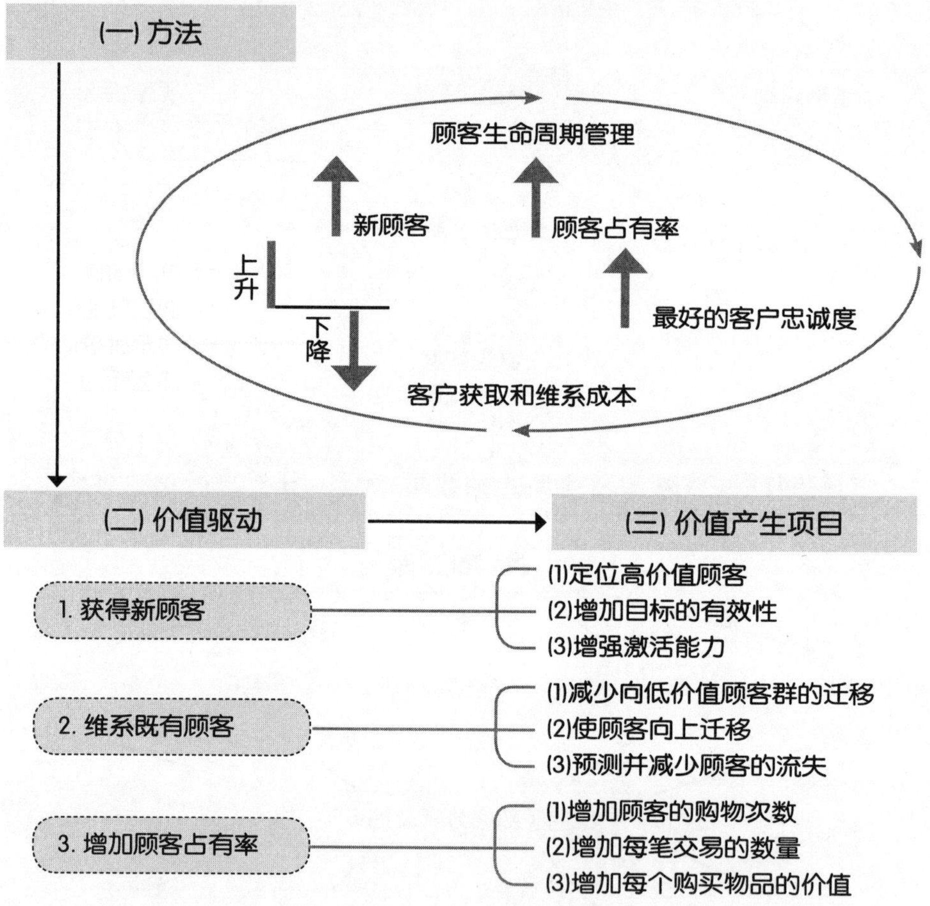

二、顾客关系管理也是顾客数据库的共有化

公司各部门所输入的内部信息及顾客信息，都是营业人员拓展业务的重要信息来源。而CRM的功能，即是有系统、有计划和有步骤地构建这种顾客数据库的共有化。所谓共有化，指各部门人员均可输入最新信息，同时也可以看到及取用这些信息。

CLM循环

目标　优化顾客价值和市场营销活动的效率
- 对一个给定的产品，让既有的顾客群产生更好的响应。
- 对一个给定的顾客群，利用量身定制的活动优化总回报。

A 建立分析基础

对数据资源进行集成，用于对顾客群进行细分、建模和评分。

B 建立预测模型

选择和建立预测模型，以确定为谁提供什么，以及如何提供。

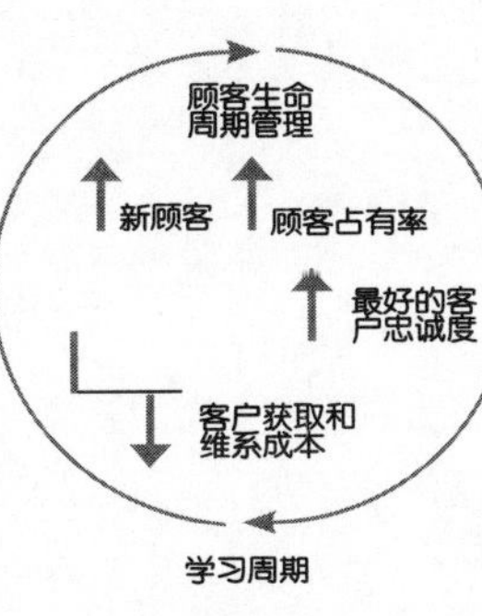

D 建立持续能力

嵌入组织和决策过程，包括IT和一线员工。

C 测试客户在现实中的反应

采用随机区组设计，进行严谨的、可扩展的、并且连续的测试和学习。

CRM也是顾客数据库的共有化

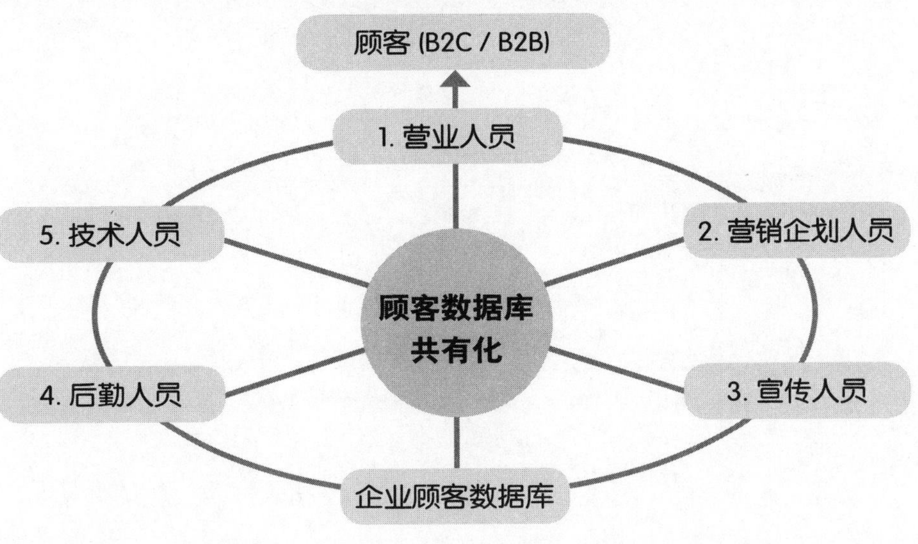

第 3 章

顾客关系管理应用

3-1 顾客关系管理策略系统与实施

一、顾客关系管理策略系统的四个项目

1. 顾客管理系统

包括如何提升顾客忠诚度及创造顾客的价值。

2. 信息科技系统

包括如何建立顾客数据库、数据仓库及展开数据挖掘等行动。

3. 知识管理系统

包括如何构建及管理CRM的操作知识。

4. 营销管理系统

包括如何对顾客展开关系营销及一对一营销，达成长久维系顾客的目标。

二、顾客关系管理成功实施的四个方面

1. CRM的策略、愿景与目标

CRM的主要策略是什么？

愿景是什么？

目标是什么？

方法手段是什么？

2. CRM的操作流程

CRM的标准作业流程是什么？

各部门是否有良好的串联及接续？

流程是否已合理化？

3. CRM的组织及员工

CRM的执行组织及员工是哪些？

公司全员是否已有CRM意识及训练？

4. CRM的信息科技工具系统

CRM的信息软硬件工具有哪些？

优先级导入哪些软硬件工具？

员工是否已会应用软硬件工具？

IT是否已能激活？

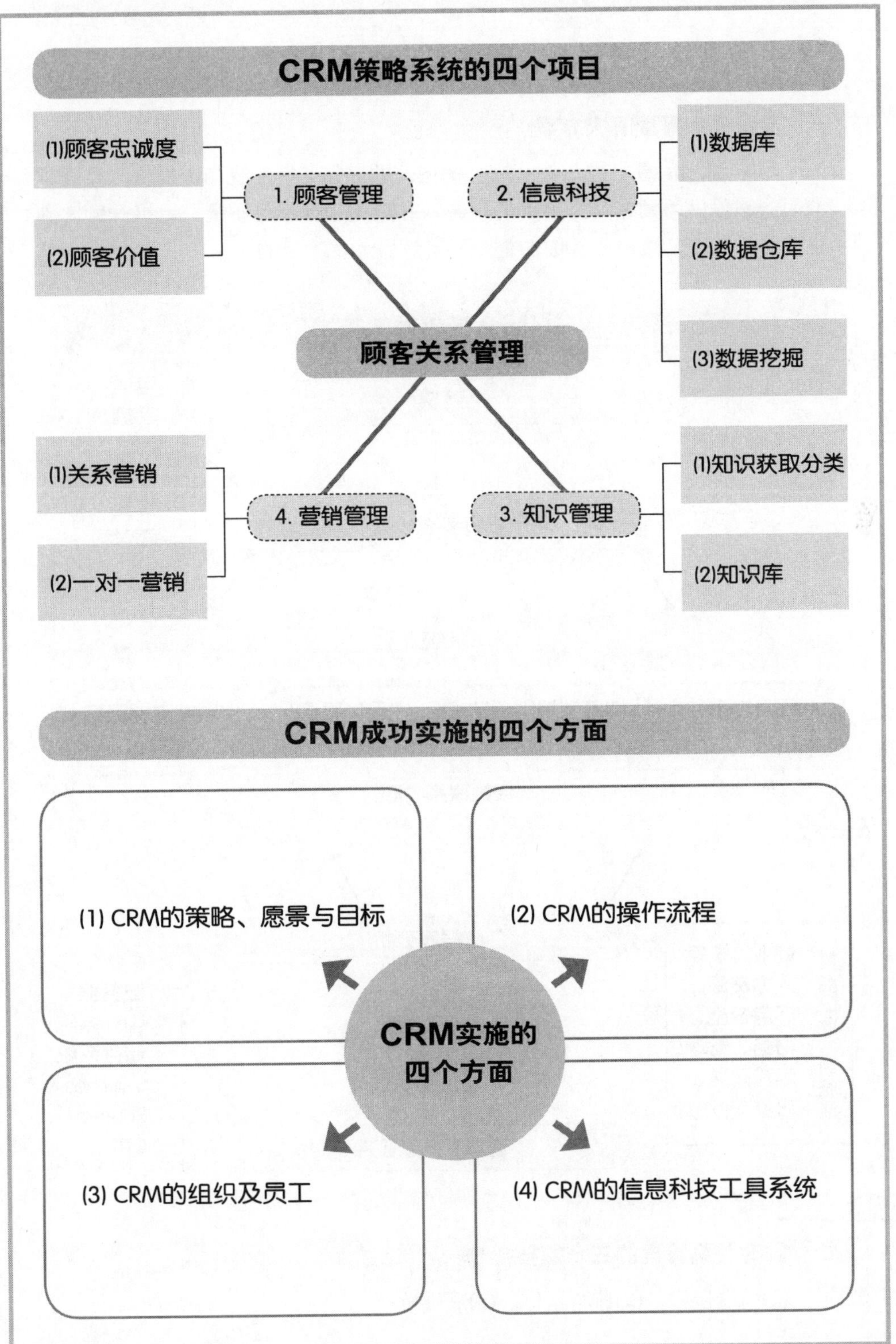
CRM策略系统的四个项目
(1)顾客忠诚度
(2)顾客价值
1. 顾客管理
2. 信息科技
(1)数据库
(2)数据仓库
(3)数据挖掘
顾客关系管理
(1)关系营销
(2)一对一营销
4. 营销管理
3. 知识管理
(1)知识获取分类
(2)知识库
CRM成功实施的四个方面
(1) CRM的策略、愿景与目标
(2) CRM的操作流程
CRM实施的
四个方面
(3) CRM的组织及员工
(4) CRM的信息科技工具系统

3-2 顾客关系管理解决方案与三个重要操作

一、顾客关系管理解决方案

CRM通过信息科技，将营销、销售、顾客服务等系统与流程加以整合，进而能够提供为顾客量身定制的服务，并提高顾客服务质量，以提升顾客满意度与忠诚度，最后达成增加企业经营效益为主的目的。

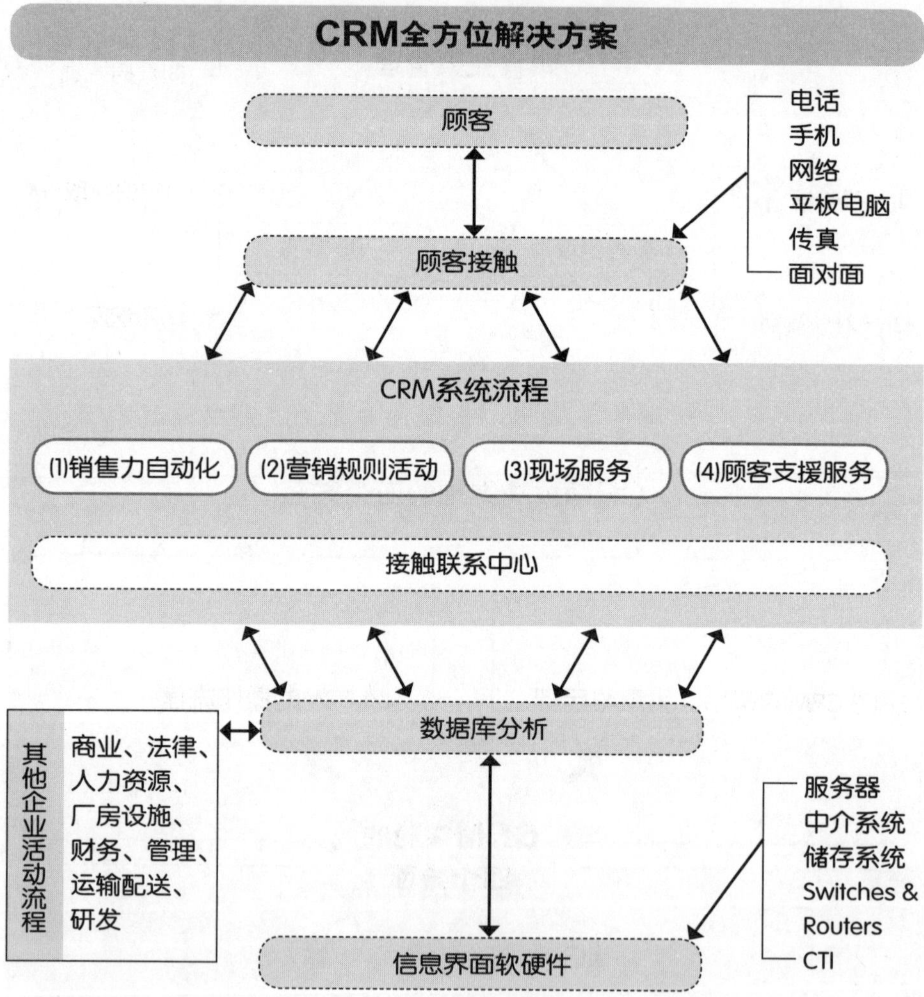

二、顾客关系管理的三个重要操作

(1)前端接触。(2)核心运作。(3)后端分析。

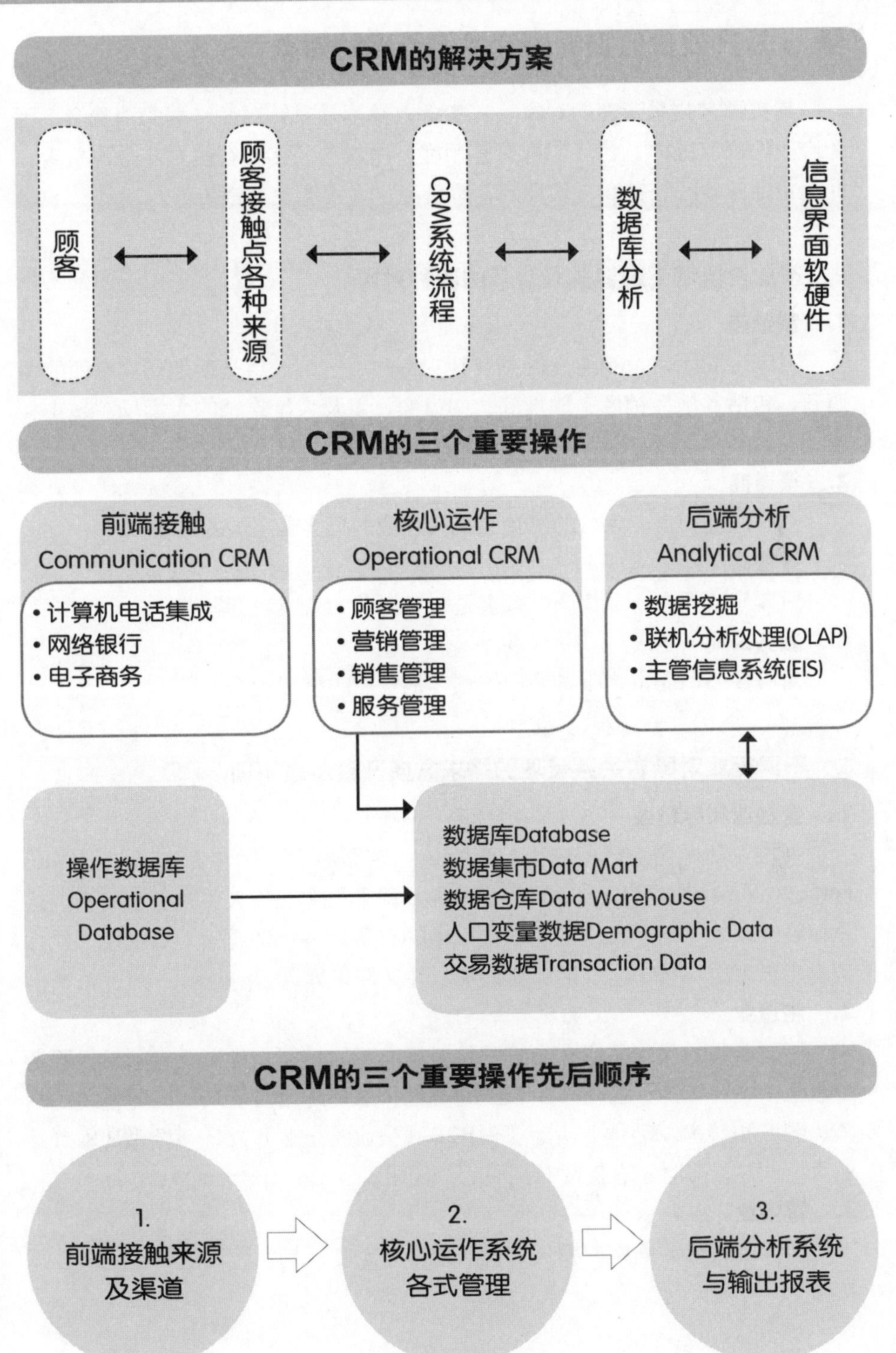
CRM的解决方案
顾客
顾客接触点各种来源
CRM系统流程
数据库分析
信息界面软硬件
CRM的三个重要操作
前端接触
Communication CRM
• 计算机电话集成
• 网络银行
• 电子商务
核心运作
Operational CRM
• 顾客管理
• 营销管理
• 销售管理
• 服务管理
后端分析
Analytical CRM
• 数据挖掘
• 联机分析处理(OLAP)
• 主管信息系统(EIS)
操作数据库
Operational
Database
数据库Database
数据集市Data Mart
数据仓库Data Warehouse
人口变量数据Demographic Data
交易数据Transaction Data
CRM的三个重要操作先后顺序
1.
前端接触来源
及渠道
2.
核心运作系统
各式管理
3.
后端分析系统
与输出报表

3-3 从产业价值链看顾客关系管理的对象

其实顾客关系管理的对象，在实务上并不是只针对最终端的消费者，因为产业的价值链中，各环节都有其顾客，而这些顾客，有些并非是消费者，而是包括各地区经销商、代理商、零售商、大卖场及连锁店等。

一、产业价值链下顾客关系管理的四种对象

1. 制造商

对制造商而言，制造商的顾客其实有两层。第一层是帮他们卖东西的渠道商，包括各地经销商、代理商、中盘商，以及大型连锁的大卖场、超市和便利商店等零售商。第二层才是最终的消费者。

2. 渠道商

对渠道商而言，大型的经销商或代理商的顾客是下游的零售商。

3. 零售商

对零售商而言，零售商的顾客是一般消费大众或目标顾客。

4. 服务公司

对服务公司而言，服务公司的顾客是一般的消费大众。

二、不同行业对顾客关系管理的需求方向及重点也不同

1. 金融业和电信业

金融业和电信业已经建立起数据库、客服中心、销售力自动化（Sales Force Automation，SFA）系统。SFA主要用于强化业务人员的销售能力。这是接触管理的一环，凡是与客户接触中的有意义信息都要输入数据库，比如理财专员每次与客户的谈话都要记录，并文件化等。

2. 制造业

制造业分为代工与自有品牌两种，需求不尽相同。代工业者通常只服务少数几个主要客户，但是其中牵涉的流程和部门却相当复杂，因此重视的是其透明度和效率。品牌业者除了做B2B（企业对企业）外，还要做B2C（企业对个人），有时还直接面对消费者的需求。

3. 零售业

零售业需要数据库、模式分析、顾客忠诚度计划、营销活动管理及数据挖掘。

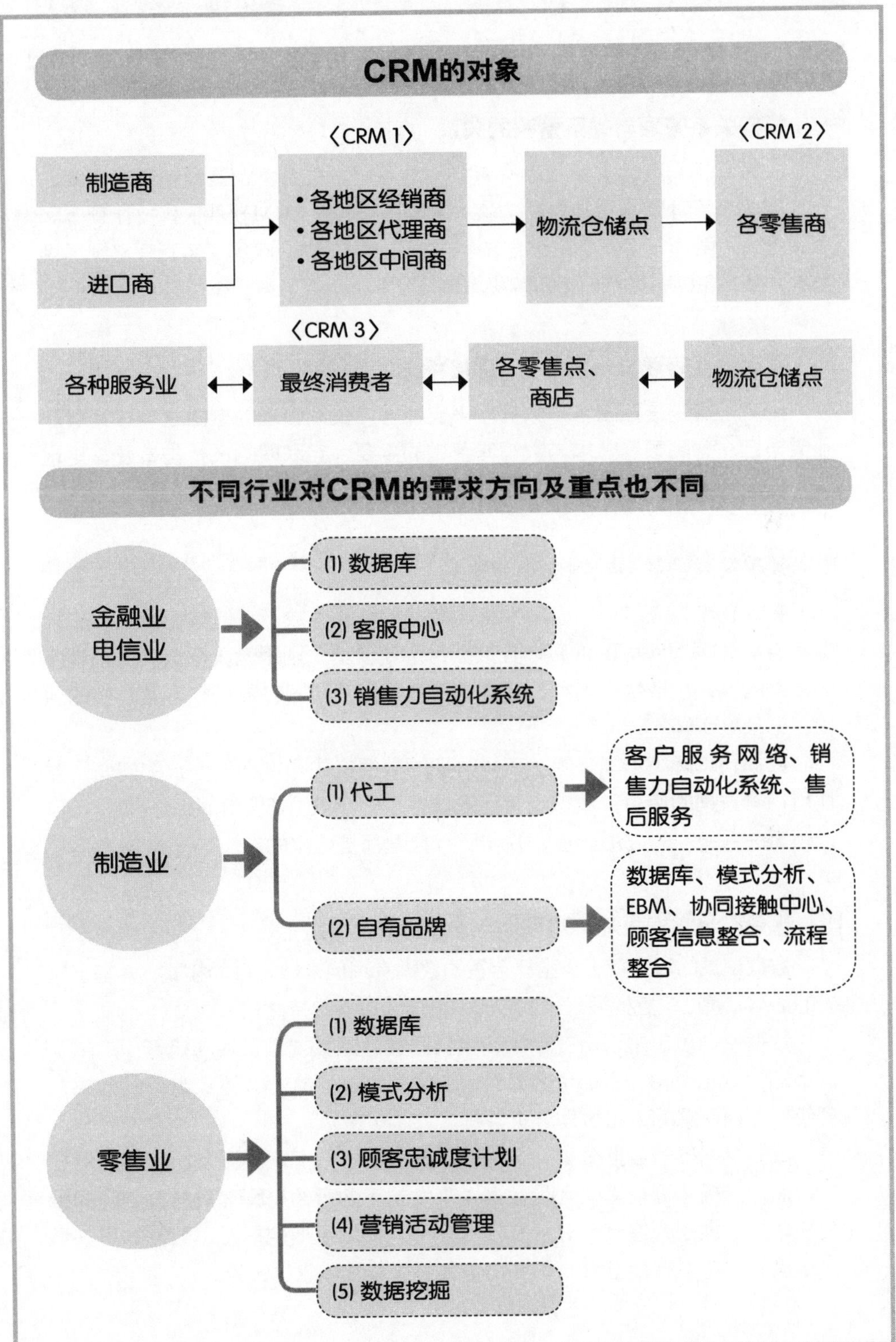
CRM的对象
〈CRM 1〉
〈CRM 2〉
制造商
进口商
• 各地区经销商
• 各地区代理商
• 各地区中间商
物流仓储点
各零售商
〈CRM 3〉
各种服务业
最终消费者
各零售点、商店
物流仓储点
不同行业对CRM的需求方向及重点也不同
金融业
电信业
(1) 数据库
(2) 客服中心
(3) 销售力自动化系统
制造业
(1) 代工
客户服务网络、销售力自动化系统、售后服务
(2) 自有品牌
数据库、模式分析、EBM、协同接触中心、顾客信息整合、流程整合
零售业
(1) 数据库
(2) 模式分析
(3) 顾客忠诚度计划
(4) 营销活动管理
(5) 数据挖掘

3-4 顾客关系管理与七个相关领域的关系

一、顾客关系管理与关系营销的关系

关系营销和顾客关系管理有着极大的不同，关系营销是营销解决方案，而顾客关系管理却是科技解决方案，它的基础在于CRM软件，科技让顾客和关系管理这两项元素能真正结合在一起。最重要的是，顾客关系管理必须提供给客户最具策略、最有创意的解决方案，而它也改变了某些企业经营的形式。

二、顾客关系管理与一对一营销和数据库营销的关系

一对一营销是运用客户数据库来实践客户关系管理的方法之一。其实产业界早已注意到顾客需求与数据库营销的重要，互联网的风行与普及，更增强了这个趋势。

三、顾客关系管理与数据仓库的关系

数据仓库将来自不同应用系统的数据汇整成个数不多但数据量极大的数据库表单（Database Table），且数据可定期累增。利用元数据定义数据仓库的数据内容，包括数据名称、定义、架构及用户视图、数据整合及转换的规则、记录更新等。

数据仓库解决不同来源、不同时期的数据格式与定义不一致的问题，方便用户对数据的使用。数据仓库可能储存了适于被分析运用的所有数据，但以顾客关系管理的应用而言，并非所有数据都是必需的。

四、顾客关系管理与数据挖掘的关系

数据挖掘的目的在于找出已存在的数据有用但未被发掘的模式，并基于过去的活动，通过建立模型来预测未来，以作为决策支持之用。

数据挖掘可应用于研究检验、投资回收、预算规划及活动执行。广告及营销部门常花费相当多的资金办活动以吸引潜在顾客，为达成最好的效果，可使用数据挖掘的方法协助分析营销对象。

数据挖掘提供数据分类、数据串联及分群、数据联系以及次序等分析技术，通过挖掘数据仓库的大量数据，来发觉采购行为与顾客资料彼此间的相关性，并提供回顾追溯、分析及预测分析。在做数据挖掘时，数据的质与量对结果的成功率有相当大的影响，企业必须非常注意这一点。

五、顾客关系管理与企业资源规划的关系

顾客关系管理与企业资源规划有着非常紧密的关系。ERP的重点在于节省成本并将流程自动化，则CRM整个重点就可以转移到业绩管理、顾客忠诚度及贡献度分析上。

六、顾客关系管理与企业运营的关系

CRM系统的导入及使用，可更有效率地扩充业务版图，提高顾客忠诚度，以促进企业运营的成功。CRM系统能协助企业以最少的成本创造最高的客户满意度。

七、顾客关系管理与企业电子化的关系

CRM是企业电子化的重要的组成部分，与ERP一起撑起企业内部的信息应用。

CRM与七个相关领域

CRM与七个相关领域的应用

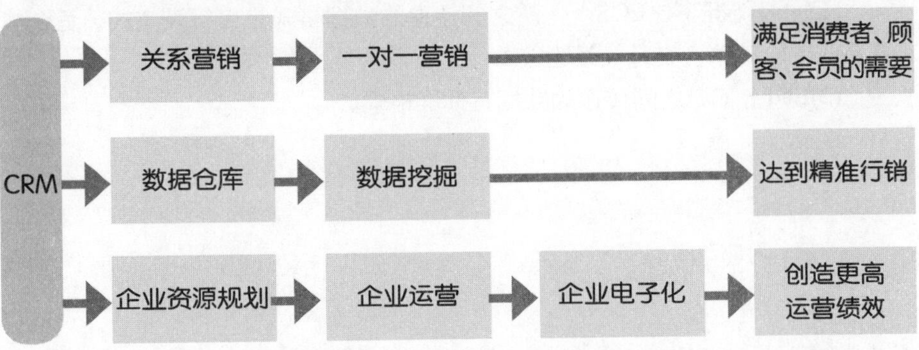

3-5 信息科技在顾客关系管理上的应用（一）

一、销售终端

在商品销售的各个环节当中，从上游的制造业，到中游的批发物流业，再到下游的零售业，与顾客关系最密切且最直接的当属零售业，而零售业最常使用的收集顾客信息的技术便是销售终端（Point of Sale，POS）。

所谓的POS，是利用计算机处理数据输入、数据统计和数据传送，在商品销售时，一方面提供便利的收银方式，一方面提供实时信息收集功能。

以零售业为例，POS会把商品的货号、售价和折扣促销数据输入收银设备，在销售点利用扫描设备，就可以自动算出正确的结账金额，显示在收银设备上，并进行单据打印。

(1)POS与顾客数据结合，便可以对顾客消费能力与消费喜好进行分析。

(2)POS整合销售数据， 也可以做销售数据分析与营销建议。

(3)POS与库存数据结合，还可以实现自动订货功能。

二、电子订货系统/电子数据交换

以往计算机网络不普及时，下游的零售商向上游的供货商订货时，最常使用的三种订货方式为：一是电话订货，由供货商自行登录订单；二是零售商以手抄，或者供货商业务员抄单的方式，将订单传递给供货商登录；三是零售商以传真的方式向供货商订货。

在商业自动化的革新风潮中，电子订货系统（Electronic Ordering System，EOS）／电子数据交换（Electronic Data Interchange，EDI）便被用来解决这些问题。

EOS／EDI指的是依赖电子联机取代人力送单、取单或邮寄、传真的实时性订货系统。EOS与EDI的差别，只在于是否有共同标准规范可供遵循。

(1)一般情况下，EOS上下游之间传递的数据格式是自行设定的，适合信息系统比较简单、交易关系比较单纯的贸易情况。

(2)EDI上下游之间传递的数据有标准格式。

CRM的四个步骤与相关信息科技

顾客关系管理的步骤	可以运用的信息科技与方法
1. 数据、信息的收集	△数据收集（Data Collection） • 销售终端（POS） • 电子订货系统 / 电子数据交换（EOS / EDI） • 企业资源规划（ERP） • 顾客电话服务中心（Call Center） • 信用卡核发（Card Issue） • 市场调查与统计 • 网络顾客行为收集 • 传真自动处理系统 • 自助服务机（Kiosk ）
2. 数据、信息的储存与累积	△数据收集（Data Collection） • 数据库（Data Base） • 数据仓库（Data Warehouse） • 数据集市（Data Mart） • 知识库（ Knowledge Base） • 模型库（Model Base）
3. 数据、信息的吸收与整理	△数据挖掘（Data Mining） • 统计（Statistics） • 机器学习（Machine Learning） • 决策树（Decision Tree）
4. 数据、信息的展示与应用	△可视化数据（Data Visualization） • 主管信息系统（EIS） • 在线实时分析处理（OLAP） • 报表系统（Reporting） • 随机查询（Ad–Hoc Query） • 决策支持系统（DSS） • 策略信息系统（SIS） • 网络客户互动服务（Web–based Customer Interaction）

3-6 信息科技在顾客关系管理上的应用（二）

三、企业资源规划

企业资源计划（Enterprise Resource Planning，ERP）的功能如下。

(1)通过ERP系统企业可以将内部各个部门，包括财务、销售、客服、品管、业务、制造和人事等的数据整合、链接在一起.

(2)通过ERP系统，所有人只要有账号与密码，在一定权限范围内，便可轻易从计算机上获得各部门的相关数据。

(3)通过ERP系统，企业可避免资源浪费，顾客服务窗口还能利用ERP系统的数据提供最佳服务，管理者也可以利用这些数据做出最好的决策。

四、顾客服务电话中心

许多企业与顾客接触最直接的部门之一是顾客电话服务中心。顾客电话服务中心是通过电话系统，以语音的方式接触顾客、借助计算机记录顾客的数据并通过传真传递数据。但是这些服务方式也容易导致下列几个问题：(1)重复询问顾客问题与基本数据，容易引起顾客的反感。(2)无法掌握与顾客的交谈记录。(3)顾客反应的问题可能记录不完整，造成事后追踪不易。(4)顾客电话服务中心的人员流动时，资料交接不易，新招募人员训练困难。(5)数据无法充分应用于公司内部其他业务上。为了解决这些问题，产生计算机电话整合（Computer Telephone Integration，CTI）的技术，就是将计算机、语音、传真、通信、网络及数据库等技术整合运用。

五、商业智能、数据仓库、数据集市和在线实时分析处理

随着数据的日益累积，以及商业运作需求的日益增加，传统的数据管理系统已经面临下列问题与挑战。(1)一般公司多年来积累的顾客数据可能存放于不同的系统中，分布在不同的作业平台上，并以不同的格式存储，整合不易。(2)大量的重复数据或数据不完整问题造成数据的可用性降低。(3)传统报表已经不能满足决策需求。(4)主管的思考角度通常并不固定，会随着所看到的资料内容而有不同的思考方向，因此需要给其提供多角度的动态数据作为参考。(5)有人称因为网络的发展，现实世界的信息总量以每二十个月增加一倍的速度增长，这些无法以传统的信息系统处理。

基于以上原因，商业智能、数据仓库、数据集市和在线实时分析处理开始蓬勃发展，而且开始运用到商业上。

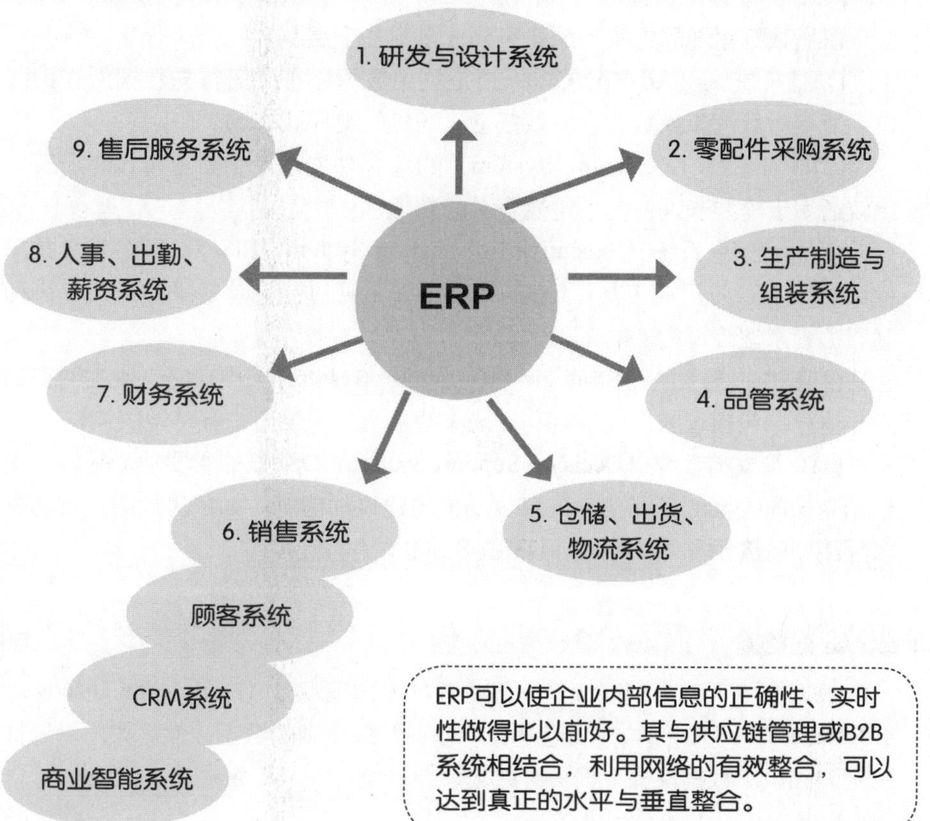

TIPS 什么是**CTI**？

CTI（Computer Telephone Integration），就是将计算机、语音、传真、通信、网络及数据库等技术整合运用的一种服务方式。**CTI**除了可以做自动话务分配、自动语音查询和电话交易等电话业务外，还整合了工作流程、传真、电子邮件等工具，最重要的是能与数据库充分结合，使所有与顾客关系管理相关的数据都能被完整地收集、累积、分析与应用。

CTI与数据库结合之后，可以在通话时记录顾客的来电时间、来电次数、来电问题种类和来电对象，接着由计算机对来电内容做交叉分析，以作为公司产品质量、顾客服务质量改善的参考。同时通过自动外拨、自动语音市场调查的方式，不仅节省大量人力与时间，还提供了完整的信息。

3-7 信息科技在顾客关系管理上的应用（三）

六、随机查询、报表系统、主管信息系统、策略信息系统和决策支持系统

依照数据呈现的方式与深度可分成以下几个层次。

(1)随机查询（Ad-Hoc Query）是利用数据库查询语言与数据库查询接口，直接对数据库或数据仓库做任意、随机的交谈式查询。

(2)报表系统（Reporting System）的核心功能是产生固定格式的报表，比较适用于需要长期性与固定性查看的数据。

(3)主管信息系统（Executive Information System，EIS），顾名思义是提供给高层主管使用的工具，EIS的核心功能是通过更简单的操作方式，协助高层主管掌握公司内部的正确信息。

(4)策略信息系统（Strategic Information System，SIS）使企业主能查到外部信息，包括顾客、竞争者和市场等的信息，以便研拟策略性决策。

(5)决策支持系统（Decision Support System，DSS）的主要功能是将历史数据变为前瞻性的预测信息或可主动提出建议的信息，如销售预测、市场需求预测和经济预测等。所以，DSS是SIS的扩展与延伸。

七、数据挖掘

数据挖掘（Data Mining）又称为数据库知识发觉（Knowledge Discovery in Database，KDD）， 其功能是分析处理数据库中的数据，然后找出尚未被发觉的知识。数据挖掘有很多种方式，包括统计、人工智能等。

八、网络客户互动服务

市场上出现以网络互动为核心的新兴客户关系管理产品，有人称为“交互式网络客户关系管理”，有人称为“网络客户互动服务” （Web-based Customer Interaction，WCI）。

WCI主要是提供企业与客户在网站接触时的整合服务，电子邮件回复管理、在线交谈服务、语音传输、同步网络浏览引导客户在线消费、自动化客户服务系统、个人化服务、个人化信息管理及问答集等，都属于WCI的范畴。WCI主要是以最少的人力服务极大数量的客户，以网络来管理客户，应用一连串的工具、系统与解决方案与客户通进行数字化互动。

运用于CRM的信息科技流程

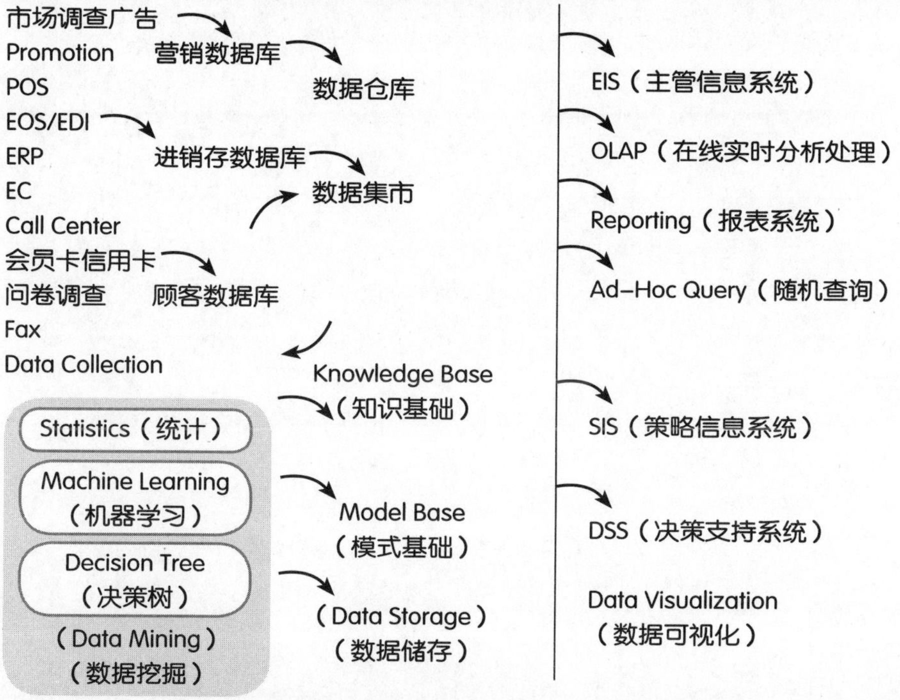

市场调查广告 → 营销数据库
Promotion 营销数据库 → 数据仓库
POS
EOS/EDI → 进销存数据库
ERP 进销存数据库 → 数据集市
EC
Call Center → 数据集市
会员卡信用卡 → 顾客数据库
问卷调查 顾客数据库
Fax
Data Collection

Knowledge Base（知识基础）

Statistics（统计）
Machine Learning（机器学习）
Decision Tree（决策树）
（Data Mining）（数据挖掘）

Model Base（模式基础）

（Data Storage）（数据储存）

EIS（主管信息系统）
OLAP（在线实时分析处理）
Reporting（报表系统）
Ad-Hoc Query（随机查询）
SIS（策略信息系统）
DSS（决策支持系统）
Data Visualization（数据可视化）

信息科技在CRM上的应用

1. 销售终端（Point of Sale, POS）
2. 电子订货系统（Electronic Ordering System, EOS）/电子数据交换（Electronic Data Interchange, EDI）
3. 企业资源规划（Enterprise Resource Planning, ERP）
4. 顾客服务电话中心（Call Center）
5. 商业智能（Business Intelligence, BI）、数据仓库（Data Warehouse）、数据集市（Data Mart）、在线实时分析处理（On Line Analytical Processing, OLAP）
6. 随机查询（Ad-Hoc Query）、报表系统（Reporting）、主管信息系统（Executive Information System, EIS）、策略信息系统（Strategic Information System, SIS）、决策支持系统（Decision Support System, DSS）
7. 数据挖掘（Data Mining）
8. 网络客户互动服务（Web-based Customer Interaction, WCI）

数据挖掘有很多种方式，如利用统计（Statistics）或人工智能（Artificial Intelligence, AI）的方法等，而其最终结果可以分成五大模型：分类（Classification）、预测（Forecasting Predictive）、分群（Clustering Segmentation）、关联性分析（Association Analysis），以及序列建模（Sequential Modeling）等。

第 4 章

顾客关系管理的建立

4-1 顾客关系管理运作与导入

一、顾客关系管理运作的四步骤——从管理知识资产的角度看

1. 数据、信息的收集

知识是通过数据与信息的收集与整理而来的，因此，第一个重要的课题便是如何实时、全面和便利地收集顾客相关的资料。片面性的信息可能无法传达服务需求，延迟的信息可能延误商机，不便利的数据收集方式也可能使结果大打折扣。

2. 数据、信息的储存与累积

适当的储存方式能让后续的数据处理速度加快，安全的数据管理方式才能保护商业机密。

3. 数据、信息的吸收与整理

整理各种数据与信息、萃取其中精华并且将其制度化，同时找出不易理解的隐藏知识等，皆是提升企业竞争力与提供主动关系营销的重要课题。

4. 数据、信息的展示与应用

数据收集的最终目的是应用，因此，通过亲和性高的接口，实时、安全与方便地将信息与知识等整合性的信息呈现给最终用户是非常重要的环节，同时这个程序也影响到整个系统的成败。

二、顾客关系管理导入四大循环——从技术角度看

1. 知识发掘

拥有一个庞大且能随时更新的顾客数据库，尽可能地反映顾客的全貌，帮助决策者做出决定。

2. 市场营销计划

有了详尽的顾客数据，即可用来设计新的营销计划，设计与客户有效沟通的模式，再依据顾客的反应，进一步设计促销活动的形态，并找出较有效的营销渠道与吸引顾客上门的方法。

3. 顾客互动

执行营销策略后，通过各种方式或业务应用软件，持续与顾客保持互动，让顾客有受到重视的感觉，同时记录顾客反应或更新数据以提高顾客忠诚度。

4. 分析与修正

分析与顾客互动所得到的新信息，并持续了解顾客的需求，然后根据结论来修正先前拟订的营销策略，寻求新的商机。

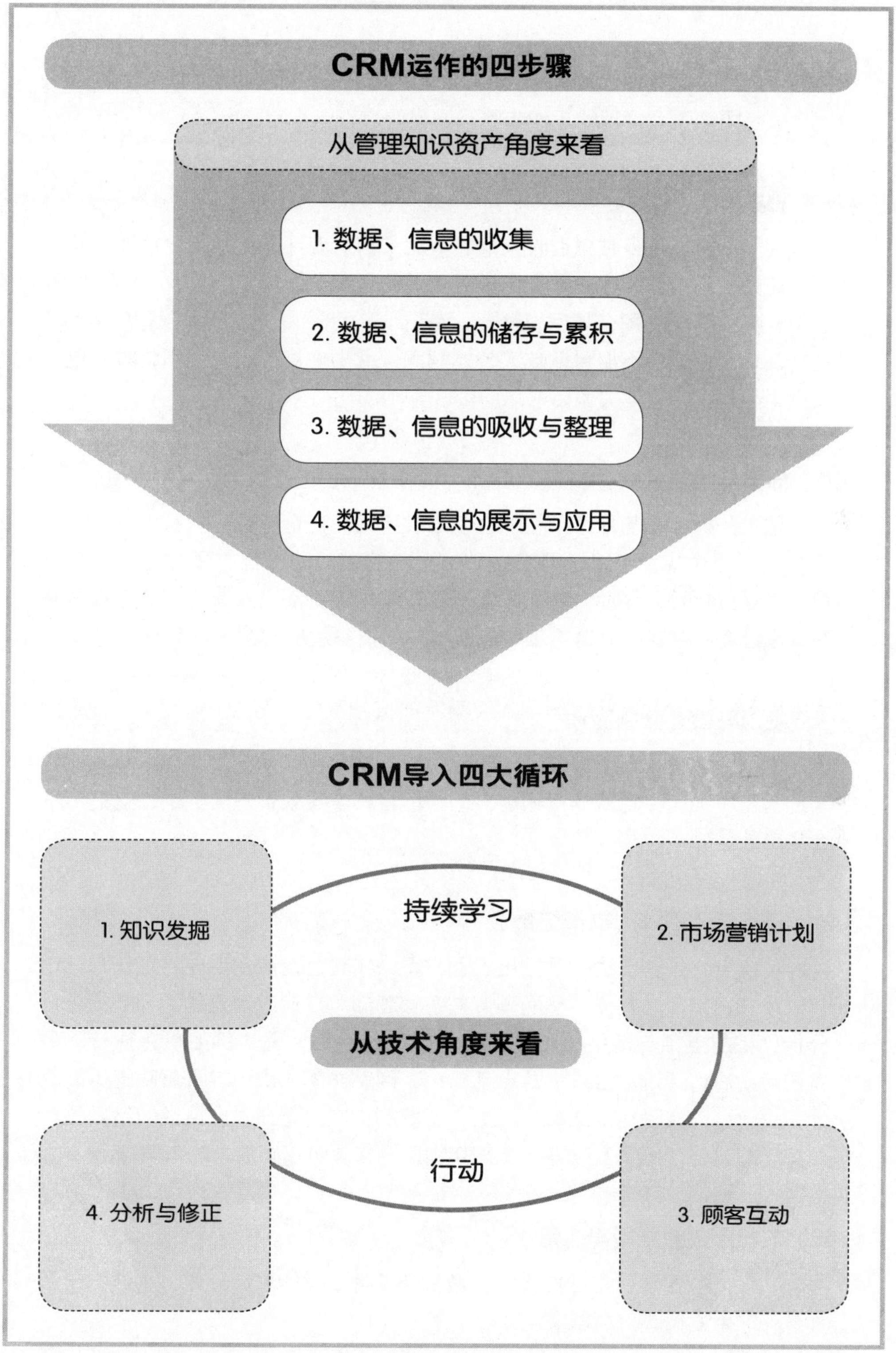

CRM运作的四步骤

从管理知识资产角度来看

1. 数据、信息的收集
2. 数据、信息的储存与累积
3. 数据、信息的吸收与整理
4. 数据、信息的展示与应用

CRM导入四大循环

1. 知识发掘

持续学习

2. 市场营销计划

从技术角度来看

行动

4. 分析与修正

3. 顾客互动

4-2 顾客关系管理的运作步骤

关于顾客关系管理的运作步骤，麦肯锡有以下观点。

一、收集资料

利用新科技与多种渠道收集顾客数据、消费偏好及交易历史数据，储存到顾客数据库中，并将不同部门或分公司的顾客数据库整合至单一顾客数据库中。将各部门的顾客数据库整合，有助于将不同的产品销售给顾客，也就是交叉销售，这样不但可以扩大公司利润、减少重复行政与营销成本，更可以巩固与顾客的长期关系。

二、分类与建立模式

通过分析工具与程序，将顾客依各种不同的变量分类，勾勒出每一类消费者的行为模式，可以预测在各种情况与营销活动下各类顾客的反应。例如，通过分析可以知道，哪些顾客对哪一类的促销活动有偏好，甚至哪些潜在顾客已经不存在了。这些工作能够有效地找到适当的营销目标。

三、规划与设计营销活动

依据上述模式，为客户设计适合的服务与促销活动。传统上，企业对顾客通常是一视同仁定期推行顾客活动，但在顾客关系管理实务中，这是不符合经济效益的。

四、例行活动测试、执行与整合

传统上，营销活动一旦推出，通常无法实时监控活动反应，只能等待销售成绩来确定活动效果。然而顾客关系管理却可以通过对营销活动数据进行分析，搭配电话与网络服务中心，实时进行活动调整。例如，在执行一项营销活动后，通过对打进来的电话频率、网站访问人次、各种反映意见的统计，企业可以实时增加或减少人力与资源的调配。而通过电话或网络系统与数据库的整合，更能实时进行交叉营销，销售满足不同需求的不同产品。

五、实行绩效的分析与衡量

顾客关系管理通过各种活动、销售与顾客数据的总和分析，可建立一套标准化的衡量模式，衡量实施成效。

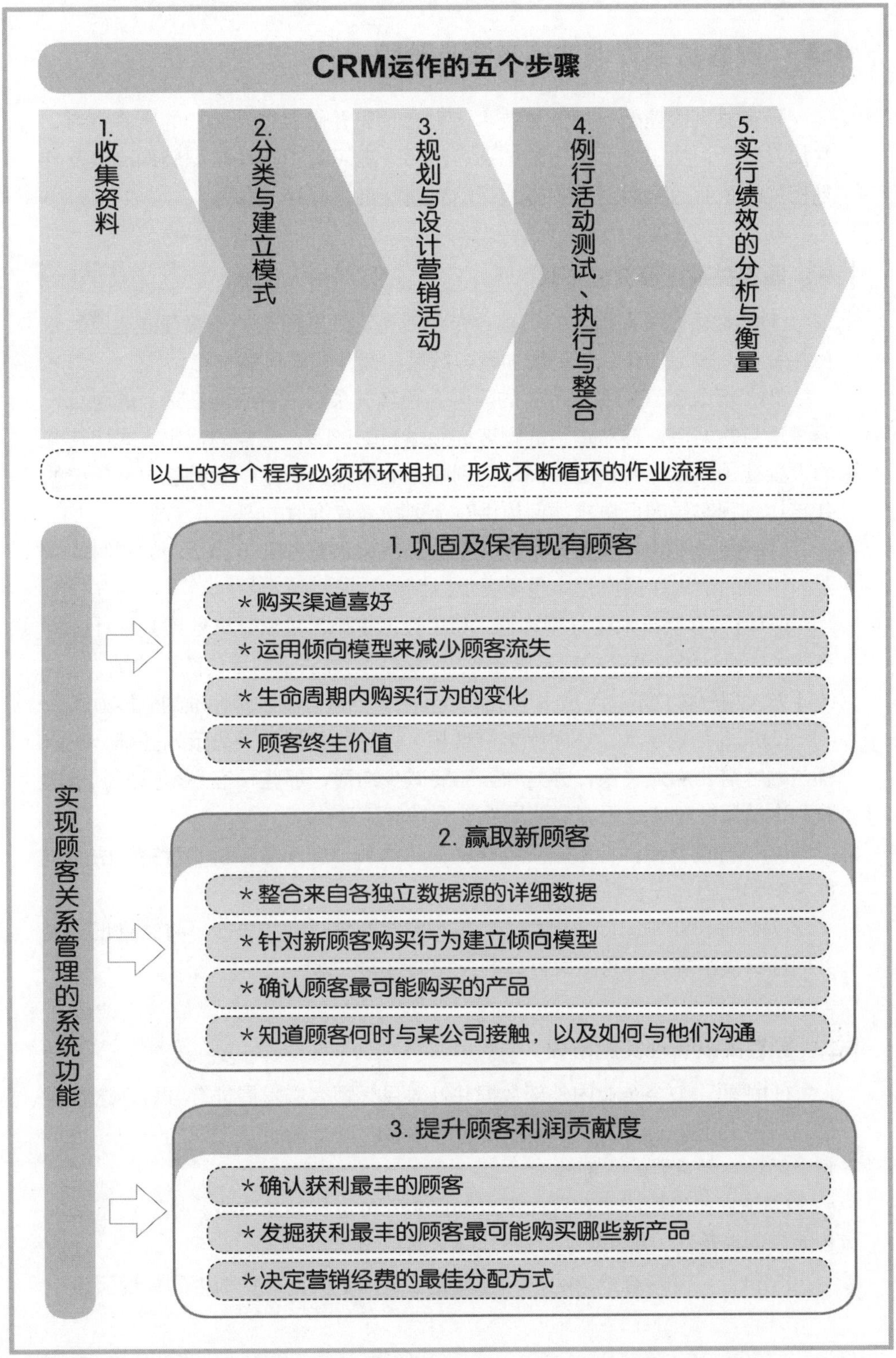

CRM运作的五个步骤

1. 收集资料
2. 分类与建立模式
3. 规划与设计营销活动
4. 例行活动测试、执行与整合
5. 实行绩效的分析与衡量

以上的各个程序必须环环相扣，形成不断循环的作业流程。

实现顾客关系管理的系统功能

1. 巩固及保有现有顾客

* 购买渠道喜好
* 运用倾向模型来减少顾客流失
* 生命周期内购买行为的变化
* 顾客终生价值

2. 赢取新顾客

* 整合来自各独立数据源的详细数据
* 针对新顾客购买行为建立倾向模型
* 确认顾客最可能购买的产品
* 知道顾客何时与某公司接触，以及如何与他们沟通

3. 提升顾客利润贡献度

* 确认获利最丰的顾客
* 发掘获利最丰的顾客最可能购买哪些新产品
* 决定营销经费的最佳分配方式

4-3 顾客关系管理实施步骤及阶段

顾客关系管理是应用信息技术，大量收集并储存有关客户的所有资料，并加以分析，找出背后有用的知识，然后企业可运用这些知识辅助决策及规划相关的企业运营活动并实施的一个完整程序。

一、顾客关系管理实施步骤

(1)决定顾客关系管理的目标：企业首先要订出顾客关系管理欲达成的目标并量化，如增加获利率、增加顾客数量和提升顾客再购率等。

(2)了解改变营销手法可能的障碍：顾客关系管理讲求能在适当的时点，通过适当的渠道，针对适当的顾客提供适当的产品，这样的营销方式比传统的大量营销、目标营销更能满足个别顾客的需求。所以，营销思维从传统的4P转换到顾客导向，讲求如何提供对个别顾客有价值的产品。

(3)规划调整组织及操作程序：在企业考虑调整外部营销活动的同时，企业内组织的结构和操作程序也需要加以调整。

(4)利用信息技术区分顾客群：利用数据挖掘、在线分析处理及统计分析等技术，通过经过整合的信息找出顾客类别。此方法不同于传统以地域、人口统计方式划分客户群，而是一个全新的且以多个属性做区分标准的分群方式。

(5)规划销售活动：在对顾客分群后，以这些数据作为决策的基础，决定哪些顾客需要加强关系，哪些顾客需要减少沟通，那些顾客必须吸引以增加获利，然后针对特定顾客群的属性规划销售活动。

(6)执行销售活动计划：规划好销售活动后，应为适应新的营销手法而调整组织和流程，配合新的销售活动执行。

(7)监督、控制、反馈：必须监督和控制销售活动的成效，将结果记下来并回馈给决策层，作为下次目标制订和调整的依据。

二、顾客关系管理实施阶段

(1)评估：整合企业内外部数据并针对目标顾客群发展进行分析，这也是信息科技最密集的阶段。本阶段是了解顾客的基础及所有知识的来源，也是整个循环中最重要的一部分。

(2)规划：依据所累积的知识，制订实际付诸行动的策略。本阶段重视规划人员创意营销、解决问题的能力。

(3)执行：良好有效率的顾客互动关系是计划执行成功与否的关键因素。

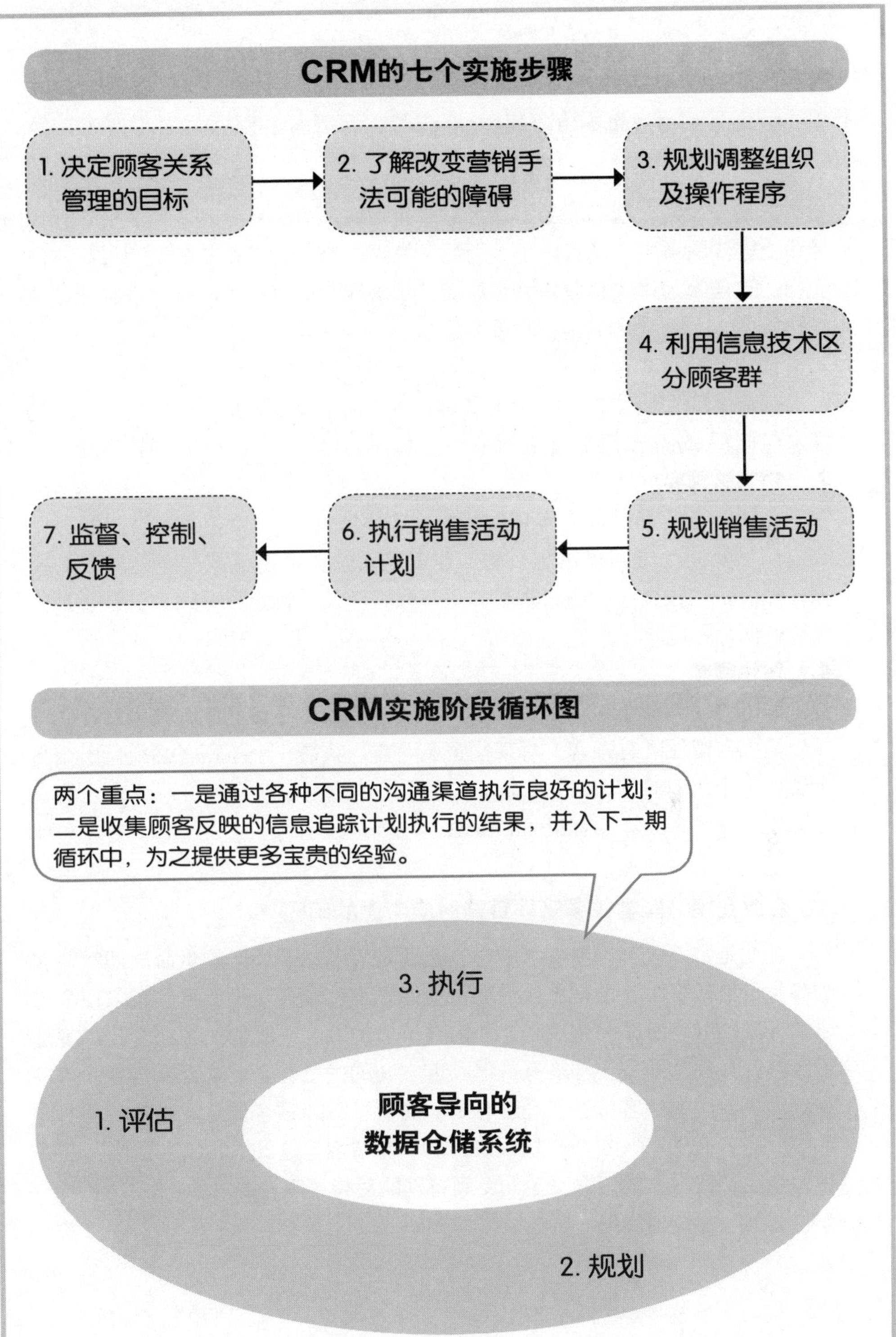
CRM的七个实施步骤
1. 决定顾客关系管理的目标
2. 了解改变营销手法可能的障碍
3. 规划调整组织及操作程序
4. 利用信息技术区分顾客群
5. 规划销售活动
6. 执行销售活动计划
7. 监督、控制、反馈
CRM实施阶段循环图
两个重点：一是通过各种不同的沟通渠道执行良好的计划；二是收集顾客反映的信息追踪计划执行的结果，并入下一期循环中，为之提供更多宝贵的经验。
3. 执行
1. 评估
顾客导向的数据仓储系统
2. 规划

4-4 顾客关系管理组成要素循环

一、顾客关系管理四个组成要素循环

1. 了解顾客

这是一个常被遗忘的要素，大部分企业对顾客关系管理不甚了解，误以为设立客户服务中心就可以了，而后又发现，客户服务中心的费用过高不能负担。这是因为这些企业并没有经历“了解客户”这一个阶段，以致无法成功执行CRM计划中的其他三项要素。

2. 锁定目标顾客

锁定目标顾客，指提供一套专为客户个性需求设计的服务与产品。“我”的需求与“你”的需求不同，企业对每个个体了解之后，会发现其需求皆不同。

3. 销售给顾客

大部分企业都以取得客户作为执行CRM的起点，希望通过客户服务中心、网站及其他方向来达到目的，也就是销售更多产品或服务给更多的顾客，然而，这些企业往往忽略了“了解顾客”及“锁定目标顾客”是必须先经历的两个阶段。

4. 留住顾客

CRM是通过降低成本及提升收入来使企业获得更多利润，其中重要的一项便是如何留住既有顾客。对某些企业而言，获得一个新顾客必须付出相当于留住一个既有顾客5倍的成本，这也是为什么留住既有顾客群对企业的营业额增长及成本的降低有正面的帮助。

二、企业在制订顾客关系管理策略时应考虑的问题

企业是否以顾客的需求为中心？企业是否考虑了顾客的生命周期？顾客的终生价值是多少？谁是企业最有价值的顾客？企业是否已建立了以顾客需求为导向的顾客关系？企业与这些最有价值的顾客之间的关系深度及广度是否足够？如何加强企业与最有价值顾客之间的关系？企业是否整合了散落在企业内各部门的顾客信息？是否有足够的信息能为顾客量身定制其所需的产品或服务？企业80%的利润是否来自20%的顾客？这20%的顾客是谁？在哪里？企业“认得”他们吗？他们受到特别的对待了吗？

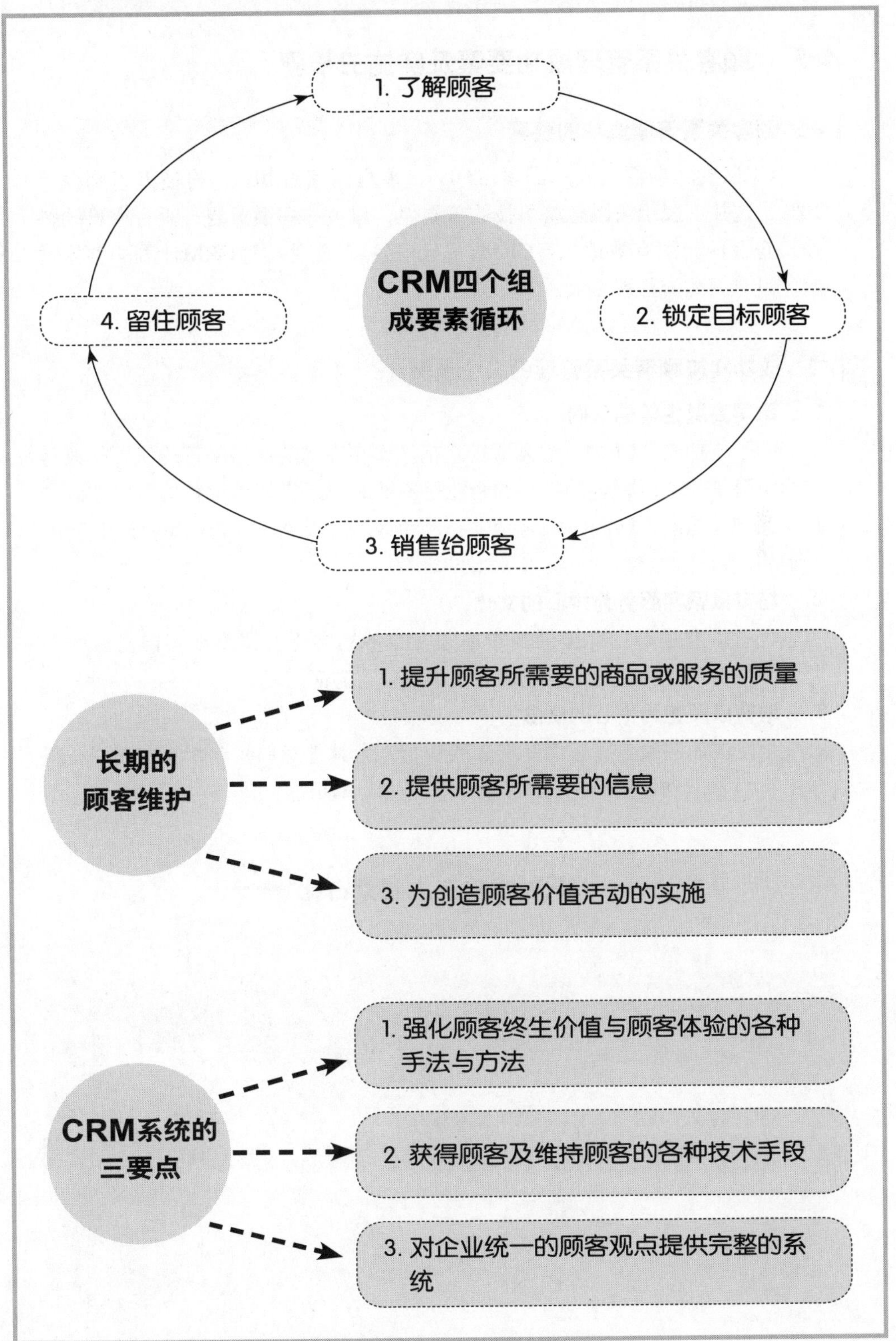
1. 了解顾客
2. 锁定目标顾客
3. 销售给顾客
4. 留住顾客
CRM四个组成要素循环
长期的顾客维护
1. 提升顾客所需要的商品或服务的质量
2. 提供顾客所需要的信息
3. 为创造顾客价值活动的实施
CRM系统的三要点
1. 强化顾客终生价值与顾客体验的各种手法与方法
2. 获得顾客及维持顾客的各种技术手段
3. 对企业统一的顾客观点提供完整的系统

4-5 顾客关系管理成功要素及实施三步骤

一、顾客关系管理成功的要素

CRM成功与否，人的因素占60%，流程因素占30%，科技因素则少于10%。这并不表示可以忽略科技的重要性，科技一样很重要，没有今日的科技，企业便无法有效地执行CRM，只是科技对成功实施CRM计划的整体贡献，没有人和流程那么大。

二、成功实施顾客关系管理的三个步骤

1. 取得高层主管的认同

为了成功实施CRM，必须取得包括董事会在内的高层主管的认同。只是宣称自己是一个以顾客为中心的企业是不够的，还需将组织结构从以往以产品或品牌为导向，转向以顾客为中心，而这若缺少高层主管的支持，是无法做到的。

2. 培育以顾客服务为中心的文化

企业本身是否拥有提供高质量顾客服务的文化？认真地问自己这个问题，如果答案是否定的，企业便需要积极朝这方面行动。

3. 培育以顾客为中心的观念

企业该如何改变管理层及员工的观念？尤其是对那些毕生都待在同一特定组织的人，改变他们的观念很困难，但并非不可能。

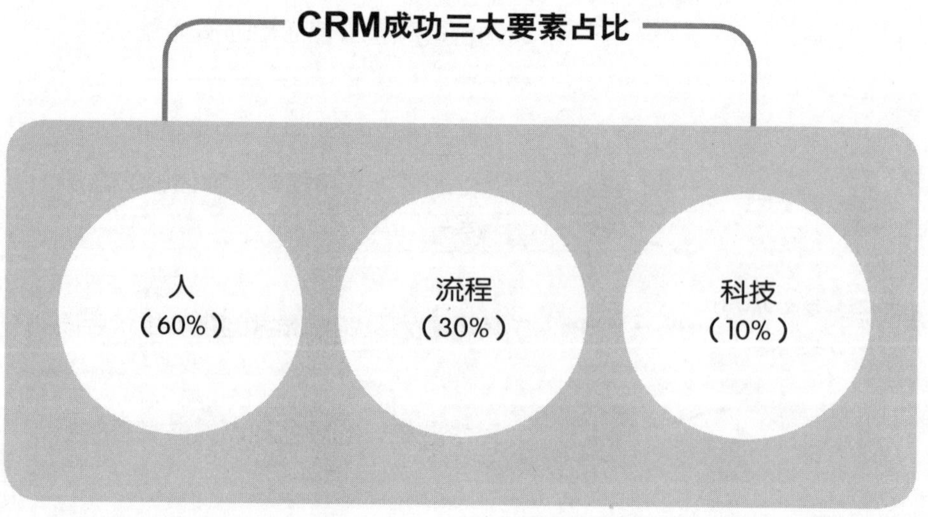

CRM成功的关键要素

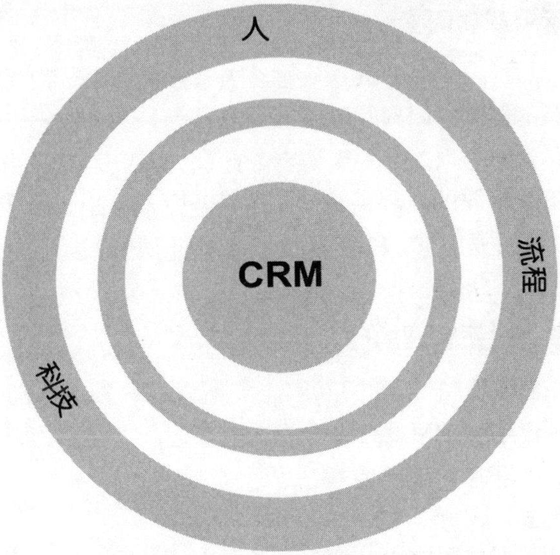

人

流程

科技

CRM

成功实施CRM的三个步骤

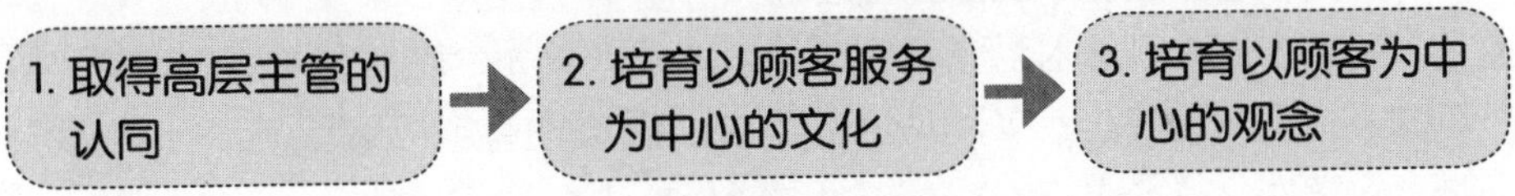

1. 取得高层主管的认同 → 2. 培育以顾客服务为中心的文化 → 3. 培育以顾客为中心的观念

CRM推动成功的要因

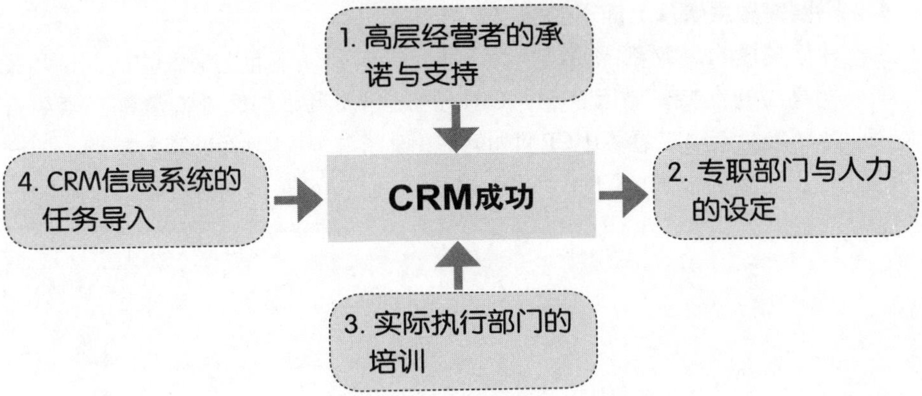

1. 高层经营者的承诺与支持

4. CRM信息系统的任务导入

CRM成功

2. 专职部门与人力的设定

3. 实际执行部门的培训

4-6 做好顾客关系管理四大要领

一、顾客关系管理成功因素

有学者研究显示，下列四项是决定顾客关系管理成功与否的最重要的因素。

(1)企业决策的能力（25%的受访者如此认为）。

(2)成功的科技整合（23%的受访者如此认为）。

(3)强化与策略伙伴的友好关系（20%的受访者如此认为）。

(4)融合相关科技的程度（18%的受访者如此认为）。

二、成功做好顾客关系管理的四大要领

根据IBM对全球不同产业的370家企业所做的一项CRM调查，在欧美和亚洲，85%的公司认为CRM没有完全成功。

以下提供做好CRM的四项要领。

1. 首重内部管理

CRM要成功，必须以顾客为核心，整合各支持系统，尤其是各部门之间的沟通与协调，必须建立一套标准管控流程。需要优先解决如何将最新信息提供给最需要的人去应用。

2. 根据顾客真正在乎的部分做改进

不同产业的顾客对供货商的期待也不同，例如，同样要求服务质量，超市的重点是货品齐全、餐厅是卫生美味、银行是速度，因此，管理者应该根据产业特性，将最基本的需求先照顾好，再建立自己的特色。

3. 人的因素最重要

在成功的要素中，人的因素占60%；其次是流程，占30%；最后才是科技，只占10%。

4. 需要高层主管从上而下的持续支持

任何规模的CRM都需要从上而下执行，若是从下而上来做的话，也要获得公司高层的支持。原因在于，CRM的目标、策略与绩效衡量都必须结合企业各层级。若员工看不出CRM如何能融入企业中，自然就不易贯彻，同样的，若公司高层未确信CRM可提升企业整体的价值，CRM就会被其他的工作项目挤下去。

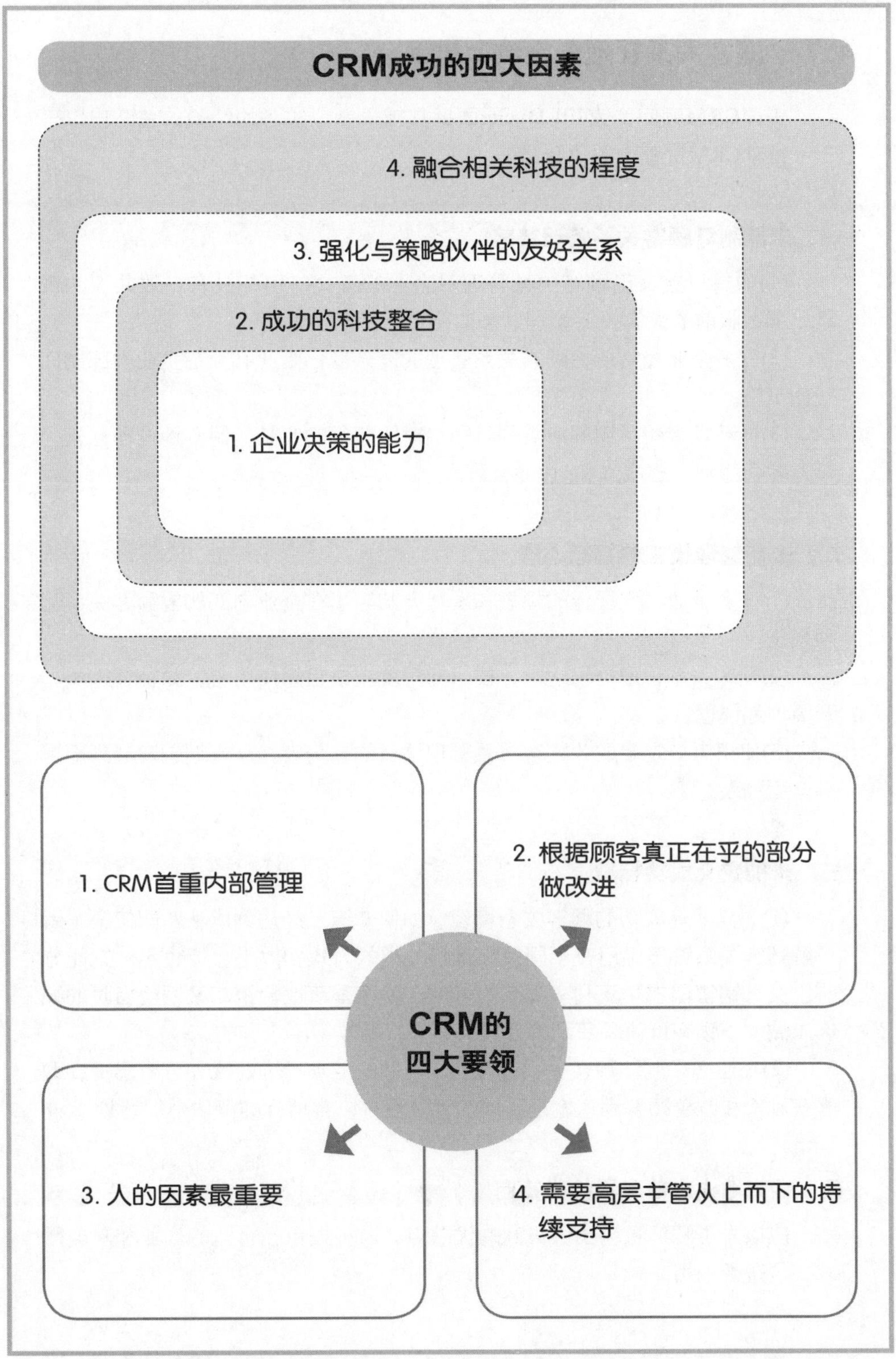

CRM成功的四大因素

4. 融合相关科技的程度

3. 强化与策略伙伴的友好关系

2. 成功的科技整合

1. 企业决策的能力

CRM的四大要领

1. CRM首重内部管理

2. 根据顾客真正在乎的部分做改进

3. 人的因素最重要

4. 需要高层主管从上而下的持续支持

4-7 顾客关系管理七大致命错误

美国CRM顾问专家Jill Dyche依据其辅导企业实务的经验，总结出以下七大推动CRM过程中的致命错误。

一、未能制订顾客关系管理策略

(1)如果只定义出顾客关系管理对企业的意义，但却没有一致共识的策略，那么眼前的顾客关系管理这条道路可不好走。

(2)许多企业经常低估顾客关系管理的复杂度，因此必须在企业内部制订长期策略。

(3)推动顾客关系管理所需的时间绝对比想象的要长，耐心地推动计划，最终才会达到节省成本和时间的目标。

二、未能管理员工的预期心理

(1)许多企业采取严谨的规划和发展，却忘了在企业内部部署顾客关系管理系统。

(2)顾客关系管理推出之时，技术部门就应该组织使用者，如销售人员，开展训练课程。

(3)使用者一定要成为顾客关系管理项目的参与者，从规划、发展到部署等全程加入。

三、未能定义成功标准

(1)怎样才算成功的顾客关系管理？如何知道已经达到成功？即使决策者了解顾客关系管理应用在不同目标是不一样的方式和效果，但也不一定能分辨出交叉销售增加和获利率提高的差别，就像季节性营销却又期望当时的顾客忠诚度、顾客价值和获利率都成为常态，是非常不合理的。

(2)企业必须制订顾客关系管理计划不同的成功标准，比如分辨出提高顾客获利率和改善顾客满意度是不同的，然后再以各项标准评估个别计划。

四、轻率地决定信息科技供货商

应该先了解信息科技供货商的优缺点，再根据自己企业的商业和功能需求决定是否采用。

五、未能改善企业流程

(1)“遵循前人的足迹走”这句谚语应用在这里就是个大错误。

(2)顾客关系管理不应该只是在企业全部既有政策上叠床架屋，而是要在企业中另外形成正式、快速的自动化顾客导向的企业流程，必须要大幅修正和持续精简企业流程，让顾客关系管理科技融入流程。

(3)千万不要落入“有了科技、万事OK”的陷阱，误以为科技可以解决一切，顾客才是设计流程的一切根本。

六、缺乏数据整合

(1)所谓有效的顾客导向决策，是了解和整合顾客来自不同接触点的各种资料，但目前许多企业都有不同数据存放在各个不相联系的系统和平台的问题，这是最大的困境。

(2)切记，虽然从企业内部各个系统中找出所有相关数据并加以整合的确是件难事，但这对顾客关系管理来说真的非常重要。

七、未能持续在企业内部尽可能地进行“顾客关系管理社会化”

(1)顾客关系管理并非有明确截止日期的计划，它是必须持续进行的过程，由成功的一步推动下一步的成功。

(2)要促使计划不断进展，最好设立顾客关系管理“内部公关”这个职位，尽量和管理层及决策者沟通顾客关系管理的有关事项，影响他们在功能及数据等需求方面倾向顾客导向。

(3)通过内部信函、会议或网站，持续公布顾客关系管理的最新动向和概况。千万不要吝于持续推动顾客关系管理，因为企业要确实改善顾客体验或提高销售，需要很长一段时间。

4-8 推动顾客关系管理七个主要障碍

美国CRM顾问专家Jill Dyche的观点。

一、流程

有些企业因为在了解和定义企业流程时不够清楚，重复购买了支持的顾客关系管理的产品，加之随意调整企业流程，阻碍了顾客关系管理的推动。

二、认知

企业里的终端使用者必须视顾客关系管理为一项有用工具，而不是一些空泛的公司政策，在企业实行顾客关系管理后，员工必须尽快使之发挥效果。

三、隐私

对顾客关系管理而言，隐私权也是非常重要的议题之一。

四、策略

最糟的是随意型的顾客关系管理计划。通常会发生这类情况，多半是企业有紧急需求但却高度轻视，无法以适当方式进行顾客关系管理。

五、整合

大部分企业即使推行了数项顾客关系管理计划，但未能建立涵盖整个企业的顾客关系管理，造成这种情况，多是不同部门间未能整合。

六、组织规划

顾客关系管理是一项相当新的观念，内容和角色都尚未被充分了解，因而必须进行充分的组织规划和权责的划分。

七、顾客服务

高质量而有能力的销售团队及客服中心，可以造就顾客的忠诚度。因此，企业在实施一连串新的顾客关系管理策略时，最好能够确切地告知客服部门所有人员有关准则，并将员工的执行表现纳入考核。

4-9 导入顾客关系管理的障碍及困难

一、导入顾客关系管理常遭遇的五个障碍

(1) 初期导入成本过高。(2) 初期效益不明显。(3)技术供应商能力不足，所提供的解决方案与企业所需可能不符合。(4)管理者认知不足，同事间缺乏共识，企业内部也缺乏必需的专门人才。(5)新导入的系统无法与原系统整合，造成反效果。

导入CRM的障碍

1. 初期导入成本过高
2. 初期效益不明显
3. 技术供应商能力不足
4. 企业缺乏人才及共识
5. 与原系统无法整合

二、推动顾客关系管理可能面临的困难

企业导入顾客关系管理并非一夕之间就可以成功，在推动过程中，企业的组织结构、操作流程及企业文化都必须相应地调整与变革。以下整理不同研究者总结出的企业导入顾客关系管理时会碰到的困难。

观点一

(1)无法彰显效益。(2)组织内资源不足。(3)员工配合度不高。

观点二

(1)管理阶层对顾客了解不够，也不清楚顾客关系管理是什么。(2)所有的管理思维、奖惩、制度都仍旧是非顾客导向的旧制度。(3)员工与企业文化都还没改变为以顾客为中心。(4)极少或没有从顾客观点出发的数据收集与反应渠道。(5)只考虑软件的采购，完全忽视系统与整合的需求。(6)缺乏明确的设计与流程处理相互间的强化功能。(7)质量不佳的顾客数据管理；(8)各部门独立或缺乏互动联系的项目建置。(9)没有顾客关系管理项目团队的设置。(10)没有评价、监督及验证的机制。

观点三

(1)缺乏整合流程与聚焦点，而只重视技术的功能。(2)员工的心态仍未能摆脱旧思维，对顾客关系管理认识有限。

第 5 章

顾客关系管理与数据

5-1　顾客数据库建立的正确观点及内容

一、数据库是实现顾客关系管理的策略性资产

顾客关系管理的数据库的内容包括，顾客的“年龄”“性别”“想法”“兴趣”和“意识”，还包括顾客“获得何种反应”“购买几次”“有哪些投诉”“对企业的反馈”“是否怀有好感”及“曾产生几次兴趣”等，这些内容都是实现顾客关系管理的策略性资产。

二、建立顾客数据库的正确观点

(1)数据不会自动聚集而来，应主动收集。

(2)不要无目的地收集数据，应依据分析来决定收集的项目。

(3)决定收集的数据项目后，就要建立收集的架构。

(4)完成收集的数据架构后，就要使之标准化，让任何人都能完成收集工作。

(5)所收集的数据都应能依据分析验证。

(6)把验证模式标准化。

(7)数据的收集及验证方案，能配合条件变化随时变更。

(8)让输入数据的接口，尽可能变得容易使用。

三、顾客数据库的五种内容

(1)基本数据：指顾客的“年龄”“性别”和“职业”等基本资料，这些多半可从会员卡或POS系统（销售终端）等渠道收集到。

(2)购买及使用数据：体现顾客兴趣、生活观等信息的重要数据。

(3)联络数据：和顾客的联络中所得到的信息，包括访谈资料。

(4)交叉销售数据：也可以说是问题解决方案数据，这是大量的商品与个别顾客购买行为的交叉分析数据。

(5)BPR使用数据：指为了向顾客提供最适当的商品、服务或问题解决方案，需要变更业务流程及组织项目小组所需的数据。（BPR，Business Process Reengineer，企业流程再造）

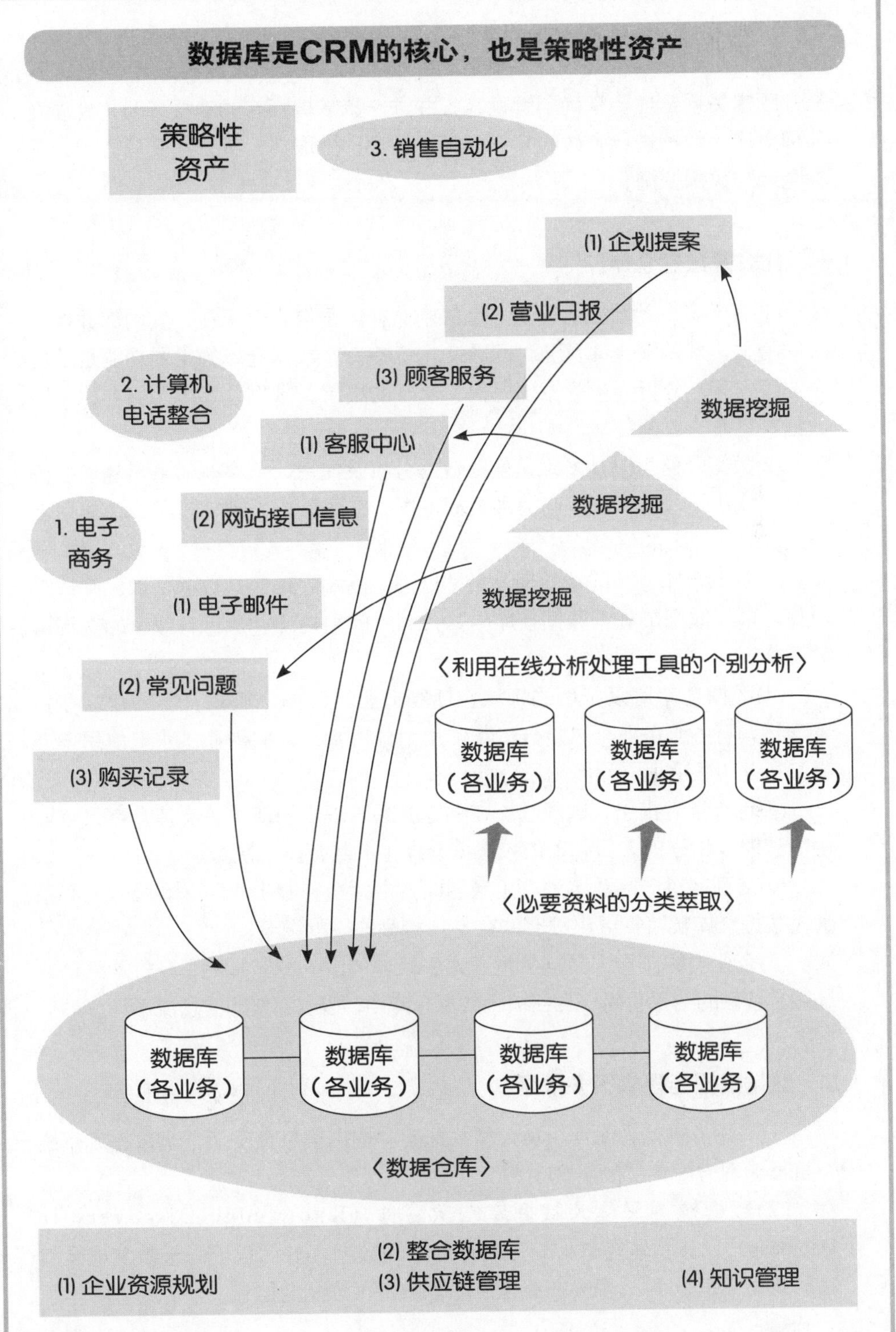

数据库是CRM的核心，也是策略性资产
策略性
资产
3. 销售自动化
(1) 企划提案
(2) 营业日报
(3) 顾客服务
2. 计算机
电话整合
(1) 客服中心
数据挖掘
数据挖掘
1. 电子
商务
(2) 网站接口信息
(1) 电子邮件
数据挖掘
(2) 常见问题
〈利用在线分析处理工具的个别分析〉
数据库
（各业务）
数据库
（各业务）
数据库
（各业务）
(3) 购买记录
〈必要资料的分类萃取〉
数据库
（各业务）
数据库
（各业务）
数据库
（各业务）
数据库
（各业务）
〈数据仓库〉
(2) 整合数据库
(1) 企业资源规划
(3) 供应链管理
(4) 知识管理

5-2 数据仓库与数据挖掘

顾客关系管理要精确了解顾客，并进一步掌握顾客的消费行为，就涉及如何对庞大数据进行有效收集、储存、转换、撷取与分析，而其核心就是数据仓库与数据挖掘。

一、什么是数据仓库

(1)有学者认为数据仓库是一个集中储存电子信息之所在，其内部数据以实体为主，具备整合性及随时间而变化等特性，数据仓库的主要功能是帮助企业管理者、分析人员等做出更快、更好的决策。数据仓库中可储存比一般数据库更大的数据量。

(2)数据仓储可以从多维角度对数据分析及使用，但有些信息无法通过查询或统计获得，所以有厂商提供数据挖掘、在线分析处理等工具，让使用者可以获取更深入的信息。

(3)数据仓库分为前端处理及后端处理。后端处理包括数据萃取、筛选等步骤，再将数据加载到数据仓库中，并利用前端处理，执行有效率的查询及数据分析。

(4)数据仓库可以应用的领域包括制造业（订单分析）、零售业（存货管理）、财务服务业（风险分析、信用卡分析）、公共事业（水电使用率分析）和健康医疗业（诊断结果分析）等。

(5)也有学者指出，数据仓库在顾客关系管理中扮演决策支持角色，企业中的管理者和分析人员必须依赖数据仓库中的数据做出决策。

(6)当顾客对产品及服务产生问题而打电话至客服中心时，客服人员必须通过数据仓库实时搜寻出顾客的交易、接触与投诉记录。

(7)企业内的工作人员从数据仓库中抓取所需的源数据后，分析的结论或与顾客接触的结果也需一并回馈入数据仓库中，形成完整的信息流循环。

二、数据挖掘能提供很多数据

(1)对许多研究者而言，从大型数据库中挖掘信息及知识，是数据库系统及机器学习方面主要的研究主题。

(2)数据挖掘又称为数据库知识发觉（Knowledge Discovery in Database），其功能为分析处理数据库中的数据，然后找出尚未被发现及潜在的有用知识，再从相关的组合自动萃取出可预测的信息。

5-3 数据仓库的构成要素

数据库与数据仓库究竟有何差异？数据库累积顾客信息及与顾客的沟通信息，但如果只是聚集信息而没有完成使用数据的架构就没有意义，因此，把所有信息汇总起来从中萃取了解个别顾客所需信息的架构就是数据仓库。

一、数据仓库的构成要素

数据仓库大致由四个要素构成：一是数据库；二是数据整合的中央仓储；三是仅萃取各业务或部门所需信息而形成的“小仓库”，即数据集市；四是为了了解个别顾客，而对数据集市进行的各种分析，即数据挖掘。

在数据仓库中，重要的并非累积数据，而是利用数据。中央仓储只是整合数据的仓库，以数据集市萃取数据，进行策略性的数据挖掘分析才是重要的。因此，为了完全了解个别顾客，企业必须以顾客关系管理为核心，策略性地萃取数据。

二、对数据仓库的理解

(1)由于数据分析讲究“大”与“快”，也就是要求从大量的数据中，快速获取用来支持决策的信息，数据仓库应运而生。

(2)从技术层面来看，数据仓库是一个集中储存电子信息的所在，不同来源、不同形态的数据，经过清理、转换之后，以统一的形态、有组织的排列储存于仓储内以供分析。

(3)广义的数据仓库指的是整体的解决方案，除了数据集中储存，还包括联机分析的功能。

三、数据仓库需求的描述

(1)首先数据仓库必须拥有庞大详细的数据，每一笔企业交易、每一通电话、每一次购买、每一张账单和每一个投诉等都需要记录。

(2)数据仓库持续不断地更新。

(3)营销部、管理部及许多其他部门都使用数据仓库。如前所述，顾客关系管理不只是营销，它是有关于整个公司如何对待其顾客的工具。

(4) 数据仓库必须随时可以使用，它是公司营销与管理的心脏。

(5) 数据仓库必须是可扩充的，且必须能够与企业一起成长。

(6)数据仓库必须具有安全性。

5-4　数据仓库的特性及活用五步骤

一、数据仓库的四个特性

1.　以主题为导向

数据仓库会将数据自然地以相同的类别或主题汇集在一起。

2.　整合性

数据仓库内的数据必须具有相当的整合性，一家企业中有多个不同的系统平台是普遍的事，而数据仓库便是要整合企业数据库，跨越不同平台，通过数据转换，让域名、变量、编码方式和日期时间等属性具有一致的格式。

3.　时间变化性

日常的操作系统每天都有新数据增加，为维持数据仓库的可用性，需要确保仓储中的数据具有时效性。

4.　非挥发性

数据放到数据仓库中后，便不易异动、修正。

二、活用数据仓库的五个步骤

1.　首先界定数据

决定完成顾客关系管理的具体目标，分析所需的数据项、数据的收集方法、数据的更新频率以及数据库编码方式。

2.　设定数据库活用架构

设定所要求的分析结果，为此所需的数据、程序和系统。

3.　决定数据库系统的构成

数据库有RDB或Excel；中央仓储有应用软件服务器、网络服务器、ETL工具、储存工具；数据集市有部门数据集市、多次元数据集市、在线分析处理工具和各种数据挖掘工具等。

4.　选定数据库工具

配合所设定的系统构成来选定数据库工具。

5.　系统的运用

要避免因数据交换激增而导致的故障，必须慎重建构备份机制及维修保养机制。

活用数据仓库的五个步骤

1 界定数据

- 实践顾客关系管理的具体目标为何?
- 环境分析、顾客服务管理、BPR 所需使用的数据为何?
- 既有数据与今后必要数据的收集方法为何?
- 数据的更新频率与管理方法为何?
- 数据库编码方式与文件格式为何?

2 设定数据库活用架构(顾客关系管理分架构)

- 所要求的分析结果为何?
- 为此所需的分析方法为何?
- 分析所需的程序或应用软件为何?
- 为使用分析所需的程序或应用软件的训练机制为何?
- 为实践顾客关系管理的小组体制为何?

3 决定数据库系统的构成

数据库	→	中央仓储	→	数据集市	→	应用部门(小组)
• RDB • Excel等		• 应用软件服务器 • 网络服务器 • ETL工具 • 储存备份		• 部门数据集市 • 多次元数据集市 • 数据挖掘工具 • 在线分析处理工具		• =========== • ======== • ========== • ========== • =====

4 选定数据库工具(举例)

• 甲骨文 • MSaccess • SAS System等	• 甲骨文 • SAS • IBM	• 甲骨文 • SAS

5 系统的运用

- 备份机制(储存管理)为何?
- 维修保养与更新(升级)机制为何?
- 有无外包处理?
- 数据收集与输入方式为何?

5-5 数据仓库的成功要素及活用数据库

一、搭建数据仓库的五个成功要素

(1)企业高层的支持。(2)企业的认知和参与。(3)阶段性的搭建步骤。(4)清理完全的正确数据。(5)丰富的元数据（Metadata）。

目前有许多科技企业，针对以上几点提供相关的解决方案，例如开发具有扩充能力的数据库、高速运转磁盘系统、ETT／ETL工具、Metadata、查询工具、OLAP、数据挖掘与管理工具。但是在这些庞杂的解决方案里，有一个最基本的问题被忽略了，那就是已建成数据仓库的企业需要一套能提供企业利益的数据仓库策略应用工具。

二、数据仓库是对数据库的活用

数据仓库是对数据库的活用，要策略性与营销性地萃取出所需的顾客数据。因此，在实务上，企业都将顾客的数据仓库提升为CRM循环的核心，不断强化、更新、加入及归类顾客的数据，让数据仓库更具高附加价值。

三、数据仓库对企业的效益

1. 迅速获得信息	数据仓库大幅压缩了自事件发生到决策的反应时间。例如，业务报表的产生频率可从每月一次缩减至每日一次，企业决策的时效性可因此提升。
2. 企业信息的集中与整合	数据仓库可以集中与整合企业内部各系统的信息，甚至整合外来信息，并由此提供给企业制订有效决策、执行精确营销的有效信息。
3. 趋势分析	数据仓库通常提供足够的历史信息，可供企业从过去事件中找出发展趋势，预测未来。
4. 数据分析的新方式与新能力	数据仓库提供先进工具，企业得以从新角度、新方式与新能力来进行数据分析，许多用户都因此从旧数据中挖掘出新问题或找到旧问题的新解决方案。
5. 提升用户对系统的应用能力	数据仓库提供给信息使用者直接接触与分析数据的能力，更大幅度地提升了数据分析的效率。

数据仓库是对数据库的活用

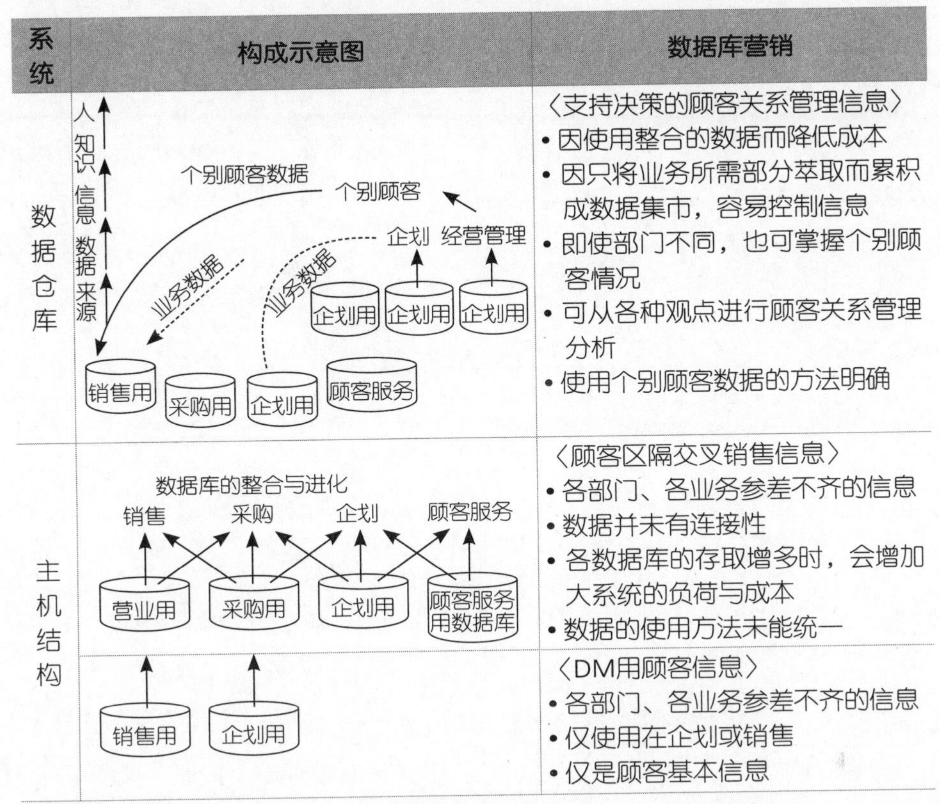

系统	构成示意图	数据库营销
数据仓库	人 知识 信息 数据来源 个别顾客数据 个别顾客 企划 经营管理 业务数据 业务数据 企划用 企划用 企划用 销售用 采购用 企划用 顾客服务	〈支持决策的顾客关系管理信息〉 • 因使用整合的数据而降低成本 • 因只将业务所需部分萃取而累积成数据集市，容易控制信息 • 即使部门不同，也可掌握个别顾客情况 • 可从各种观点进行顾客关系管理分析 • 使用个别顾客数据的方法明确
主机结构	数据库的整合与进化 销售 采购 企划 顾客服务 营业用 采购用 企划用 顾客服务用数据库	〈顾客区隔交叉销售信息〉 • 各部门、各业务参差不齐的信息 • 数据并未有连接性 • 各数据库的存取增多时，会增加大系统的负荷与成本 • 数据的使用方法未能统一
	销售用 企划用	〈DM用顾客信息〉 • 各部门、各业务参差不齐的信息 • 仅使用在企划或销售 • 仅是顾客基本信息

把数据仓库变成顾客关系管理循环的核心

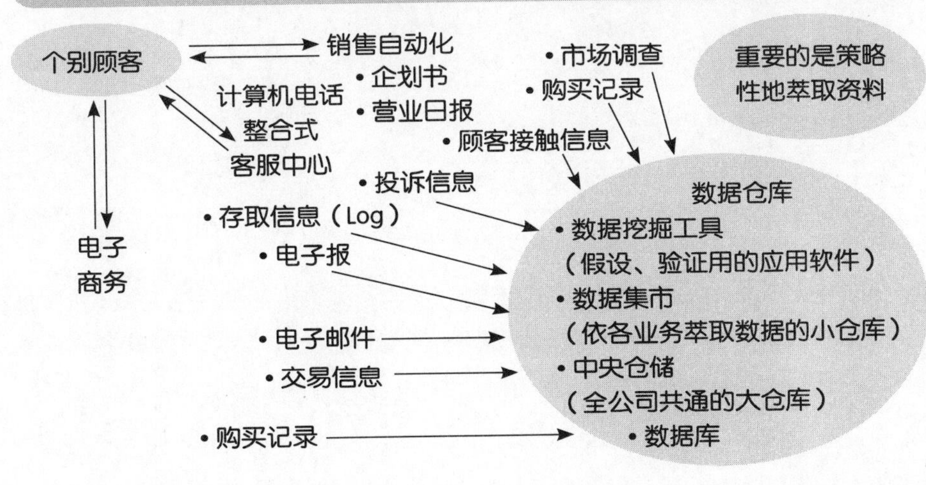

第 6 章

顾客关系管理与数据挖掘

6-1 什么是数据挖掘

一、数据挖掘的定义之一

美国CRM专家Ronald S. Swift对数据挖掘有如下的定义。

数据挖掘是一个从数据（Data）中萃取及展现可行动的、有效的、具目标性的，以及隐藏的和新奇的信息（Information）的过程。

“过程”意味着这不只是一个技术或是逻辑演算，而是一系列相关的步骤；“萃取”意味着在发现一些可能隐藏的信息时所花费的努力（通常指分析性的努力），但数据挖掘也能够用于进一步确认已知或存疑的信息；“展现”意味着将已发现的数据用报告、模式或规则的方法呈现；“可行动”意味着信息是一种可被实施的决策或活动的形式；“隐藏的”意味着信息可能是被隐藏的（或至少不是显而易见的），但能够利用各种数据挖掘技术的方式推理或发现；“新奇的”意味着信息是新而且有用的（或甚至是非常重要的）；“信息”与“数据”的不同在于，信息包括一种或数种被赋予数据意义的知识，为了要使知识被发现的概率极大化，数据必须巨细靡遗，也就是在摘要的过程中并无任何潜在数据的遗失。

总之，数据挖掘最重要的目的是去发现有价值的数据，特别是具有重大商业价值的数据。因此，对于商业数据挖掘的定义必须强调解决商业问题。

二、数据挖掘的定义之二

数据挖掘是一种能够从巨量的数据中，过滤出有用的知识与规则的技术。它利用人工智能、统计学的方法，或以其他算法为基础，找出有用的策略性信息。通过这些信息，企业可以分辨出哪些是最好的顾客，并预测新的商业机会，进而将之转变成企业的商业知识，以提升企业竞争的能力。

将数据挖掘的技术用在顾客关系管理上，将有助于企业从堆积如山的数据中挖掘出更多有利于营销的信息，而这些信息都具有商业价值。在顾客关系管理进行数据挖掘时，首先要从数据中找出相关的特征（Pattern）或模式（Model）。

三、数据挖掘的定义之三

数据挖掘就是从大量的数据库中，找出相关的模式（Relevant Patterns），并自动地萃取出可预测的信息。

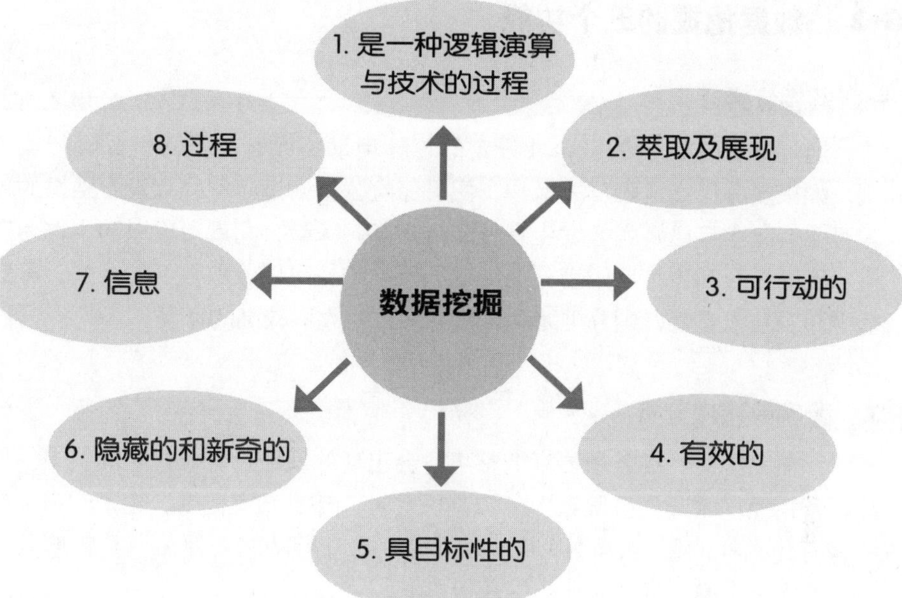
1. 是一种逻辑演算
与技术的过程
8. 过程
2. 萃取及展现
7. 信息
数据挖掘
3. 可行动的
6. 隐藏的和新奇的
4. 有效的
5. 具目标性的

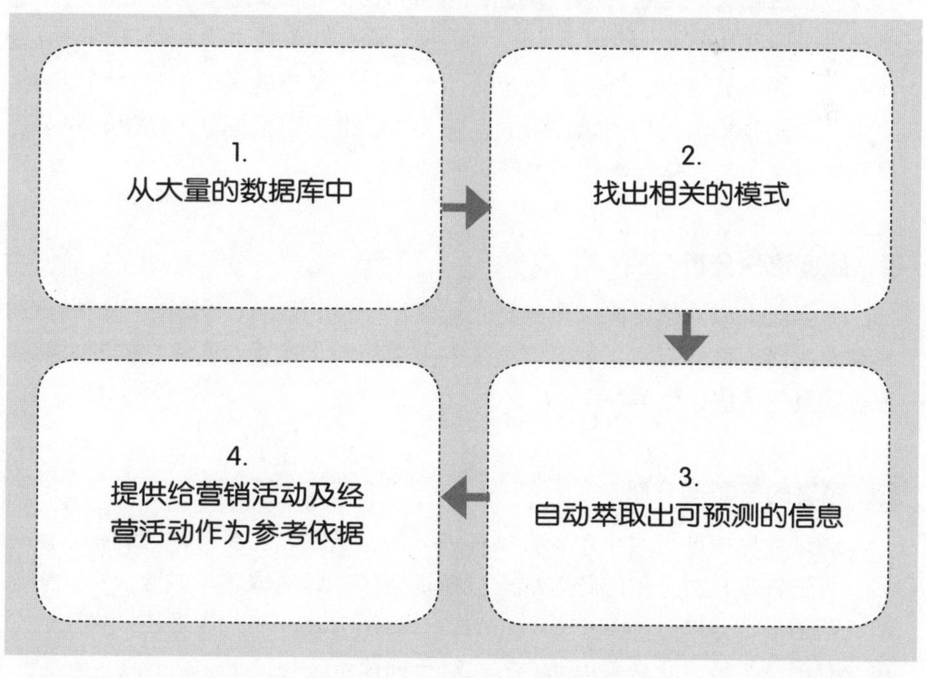
如何理解数据挖掘
1.
从大量的数据库中
2.
找出相关的模式
3.
自动萃取出可预测的信息
4.
提供给营销活动及经
营活动作为参考依据

6-2 数据挖掘的五个功能

一、顾客分类

通过数据挖掘可依照企业设定的目标自动将顾客分类。以保险行业为例，如果要分出高危险群的保户，假设保险公司知道年纪轻且没有结婚的顾客可能会比中年已婚顾客发生意外的概率高，保险公司就可以以30岁作为门槛，年龄大于30岁且已婚者分类为低风险客户，可以收取较低的保费，年龄低于30岁且未婚者，则分类为高风险客户，要收取较高的保费。

二、顾客敏感度分析

评估顾客对产品某项要素调整可能会出现的反应，并做优化的决策。例如，营销经理希望调整某项服务的月租费时，却不知道范围，也不知道会对顾客有什么样的影响，可以通过数据挖掘的分析功能来评估调整幅度为多少，顾客流失率较低且企业也能获得利润。

三、顾客行为关联分析与预测

数据挖掘针对顾客购买商品的行为进行关联分析，建立相关的关联规则，以了解顾客的消费行为。例如，超市可以分析顾客在购买A产品时，是否会连带购买B产品，找出其中的关联性，将有助于超市进行交叉销售或设计吸引人的产品组合。例如，超市认为消费者到超市购买面包时会顺便购买牛奶，由此分析面包与牛奶是否会存在关联，继而可根据分析结果，将某些产品摆放在一起，从而增加相关产品的销售。

四、顾客流失分析

对企业来说，顾客快速流失是企业获利不良的警示，利用数据挖掘可对顾客流失情况做分析，了解顾客流失的主要原因，使企业能够在情况未持续恶化前及早反应，亡羊补牢。

五、顾客的分群与分级

通过数据挖掘可对企业既有顾客进行动态区隔，在获得详细的顾客区分后，可进一步针对个别的顾客群进行特别营销，以获取其忠诚度。在此需特别说明的是，分群（grouping）和分级（classification）的主要不同在于，分群没有预设层级，而是采用动态方式对目标逐步区分。

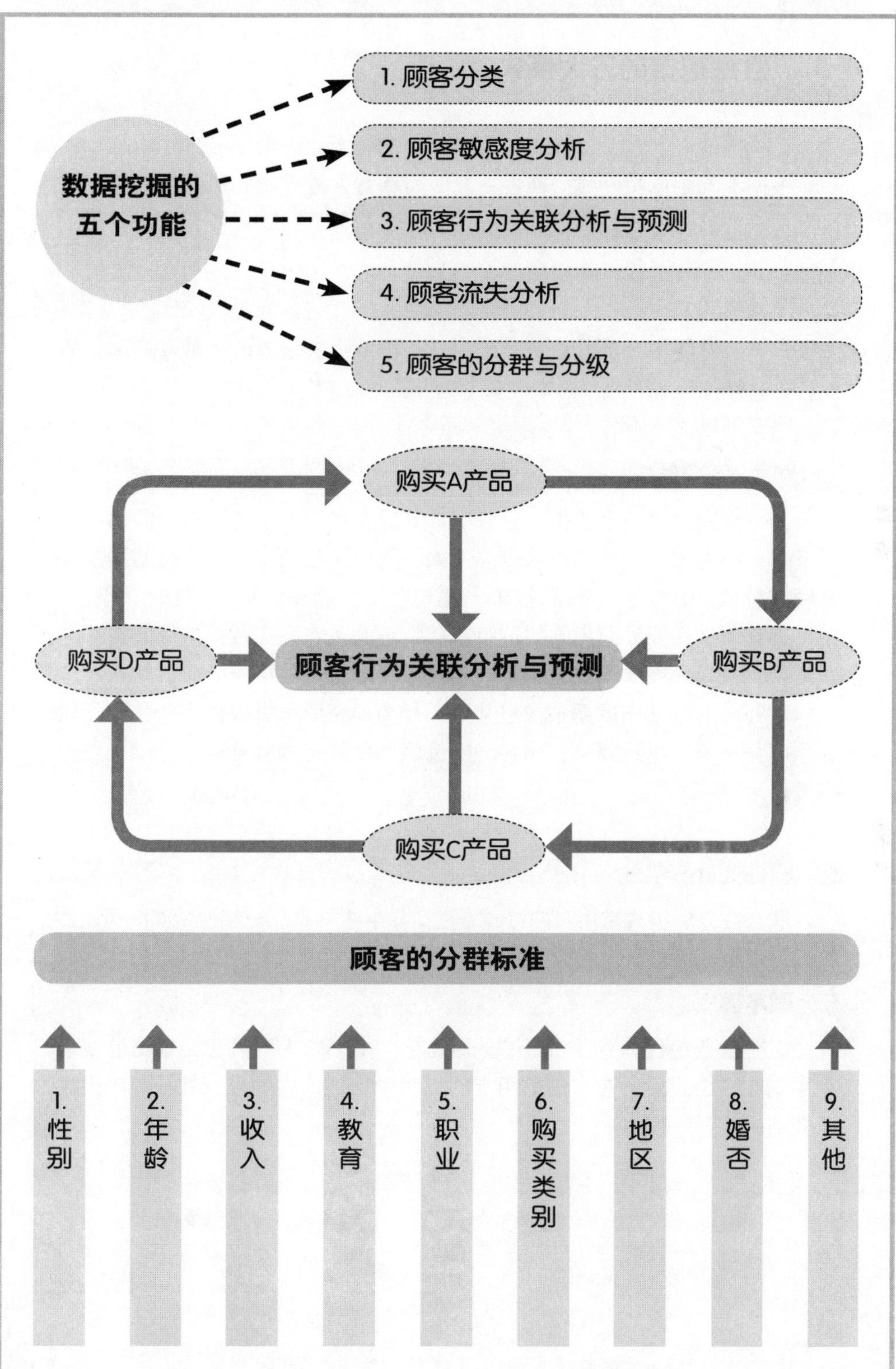
数据挖掘的五个功能
1. 顾客分类
2. 顾客敏感度分析
3. 顾客行为关联分析与预测
4. 顾客流失分析
5. 顾客的分群与分级
购买A产品
购买B产品
购买C产品
购买D产品
顾客行为关联分析与预测
顾客的分群标准
1. 性别
2. 年龄
3. 收入
4. 教育
5. 职业
6. 购买类别
7. 地区
8. 婚否
9. 其他

6-3 数据挖掘的五大模式

一、分类模式

根据不同团体特性建立属性变量，当新对象进来时，可对其根据前述的属性加以判断并分类。

二、预测模式

利用一种或多种独立变量来找出某个标准或因变量的值就是预测，通常其答案是两面性的。

三、群集／分群模式

以特定变量将集合团体加以分组，其目的在于找出群与群之间的不同，以及同一群内每个个体的相似点。例如，利用实际的自行车产品购买数据，将顾客分成山地车、一般自行车、竞赛车、休旅车，以及“送礼型”的车主，将有助于企业针对不同的群组制订特定的策略。在数据挖掘的技术中，最重要、也最常被应用在营销与顾客关系管理上的是群集／分群模式。这项技术主要是通过顾客数据来找出其购买行为，企业可以根据一些变量，如既有顾客获利率、风险评估、顾客终生价值评估等将顾客分群，并以不同的营销策略来对症下药。

四、联合性分析模式

联合性分析模式常用来探讨同一笔交易中两种产品一起被购买的可能性。

五、顺序模式

以金融业为例，到银行开户的顾客中，40%的人同时也会申请储蓄卡，且平均在三个月后会有申请信用卡的行为发生，这样的分析就是顺序模式的研究结果。

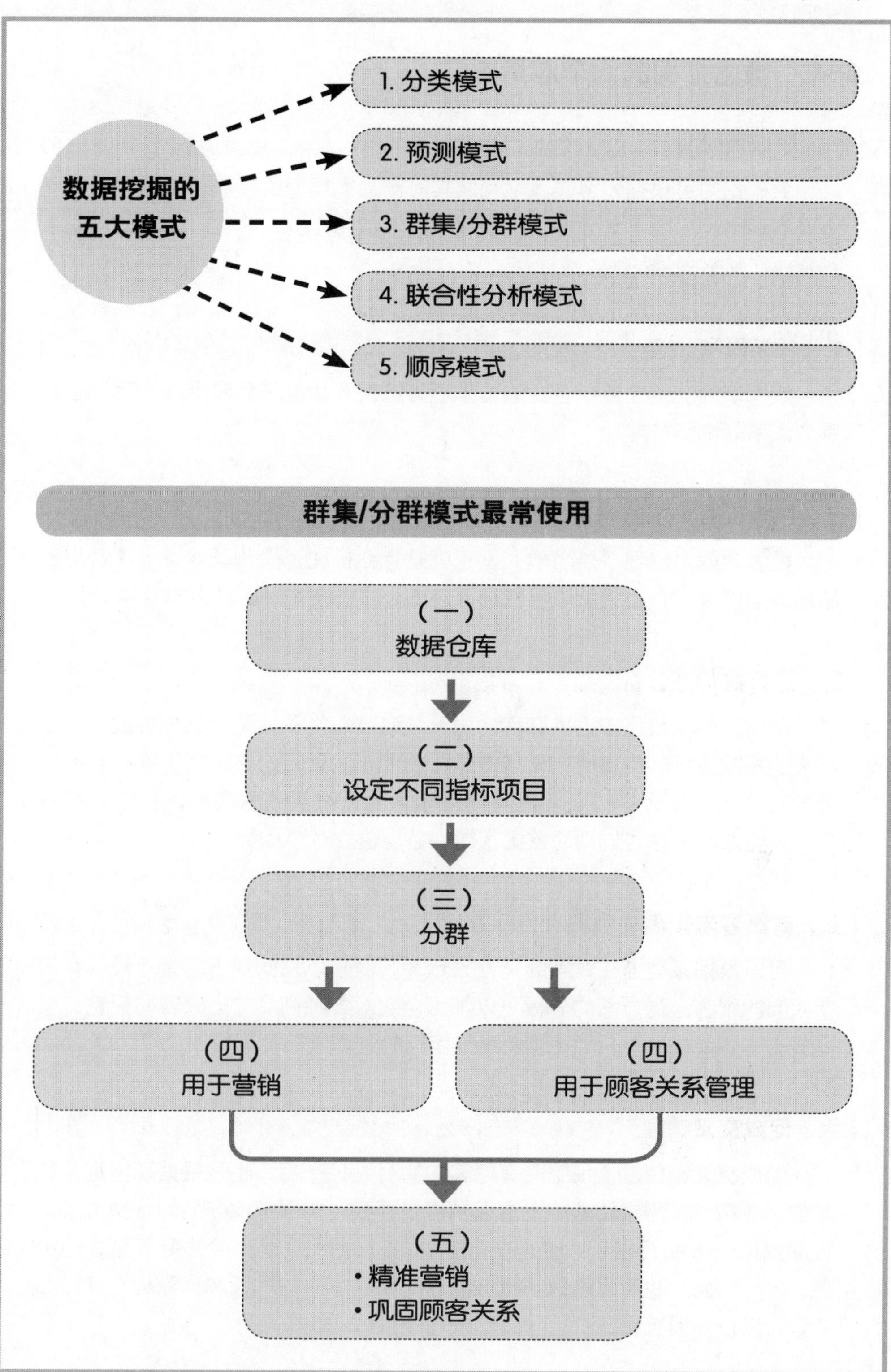
数据挖掘的五大模式
1. 分类模式
2. 预测模式
3. 群集/分群模式
4. 联合性分析模式
5. 顺序模式
群集/分群模式最常使用
（一）数据仓库
（二）设定不同指标项目
（三）分群
（四）用于营销
（四）用于顾客关系管理
（五）
•精准营销
•巩固顾客关系

6-4 数据挖掘的六个应用方向

一、获取新顾客

数据挖掘可根据顾客属性来预测其对商品或渠道的反应，接着可以验证企业实际情况是否真如预期，找出那些尚未成为企业的顾客，但最有可能会对企业产品感兴趣的人。

二、维系既有顾客

数据挖掘的结果显示企业的基本顾客已经开始流失到对手阵营时，企业就应该采取挽留措施。

三、剔除没有价值的与不佳的顾客

顾客数据中出现“黑名单”，也就是企业投注于这些顾客身上的费用远超过其回馈时，企业就应该考虑是否停止为这些顾客付出努力与成本。

四、进行购物篮分析

购物篮原本指超市内供顾客购物时装商品的篮子，购物篮分析就是通过这些购物篮显示的信息研究顾客的购买行为，主要目的在于找出哪些商品应该放在一起，什么样的顾客以及这些顾客为什么买这些商品，找出联想规则，企业即可由这些规则的挖掘获得利益与建立竞争优势。

五、对顾客未来需求预测及目标营销

可以根据某类潜在顾客的特性去预测其需求，从而找出对企业最具有消费倾向的顾客。这方面的分析可以加强企业对各种商品主力顾客的促销，又可节省不必要的浪费，如营销费用与库存的过剩或不足等。

六、促成交叉销售

促成交叉销售就是说服既有顾客购买另一种产品，也是根据顾客的各种需求，在满足其需求的基础上实现销售多种相关的服务或产品的营销方式。数据挖掘一方面可以进一步分析顾客需求，从而为顾客提供更多更好的服务；另一方面，也可以在保护顾客隐私的前提下将这些顾客资源与有互补性的企业联合开展营销。

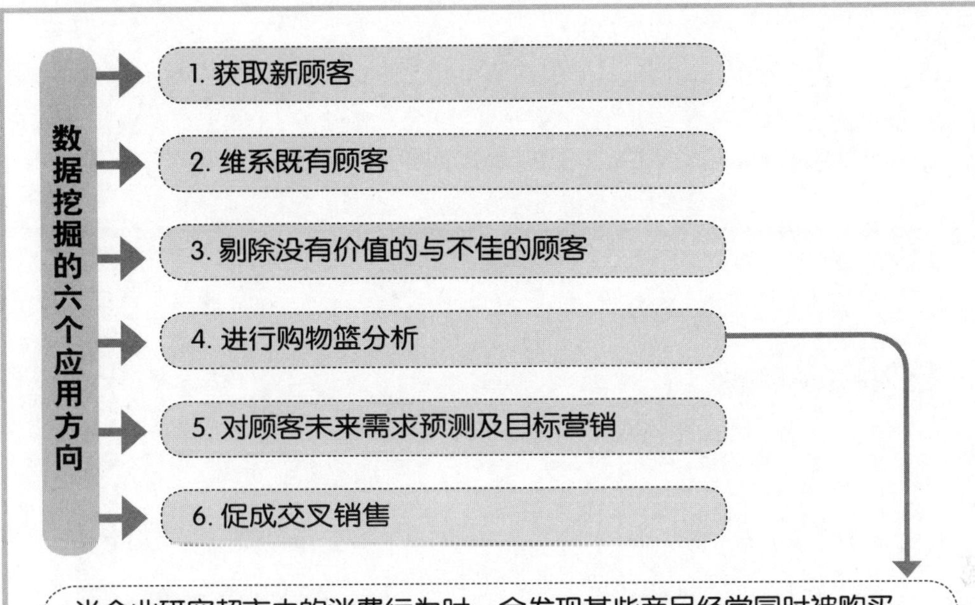

当企业研究超市内的消费行为时，会发现某些商品经常同时被购买，如可乐和薯片、牛奶和面包，因为这些商品常被联想在一起，被称为联合分析。

根据这类分析，企业可以得到对以下这些问题的解答：相关产品该如何陈列？该促销哪些产品？数据挖掘该做什么促销工作等。

数据挖掘与顾客

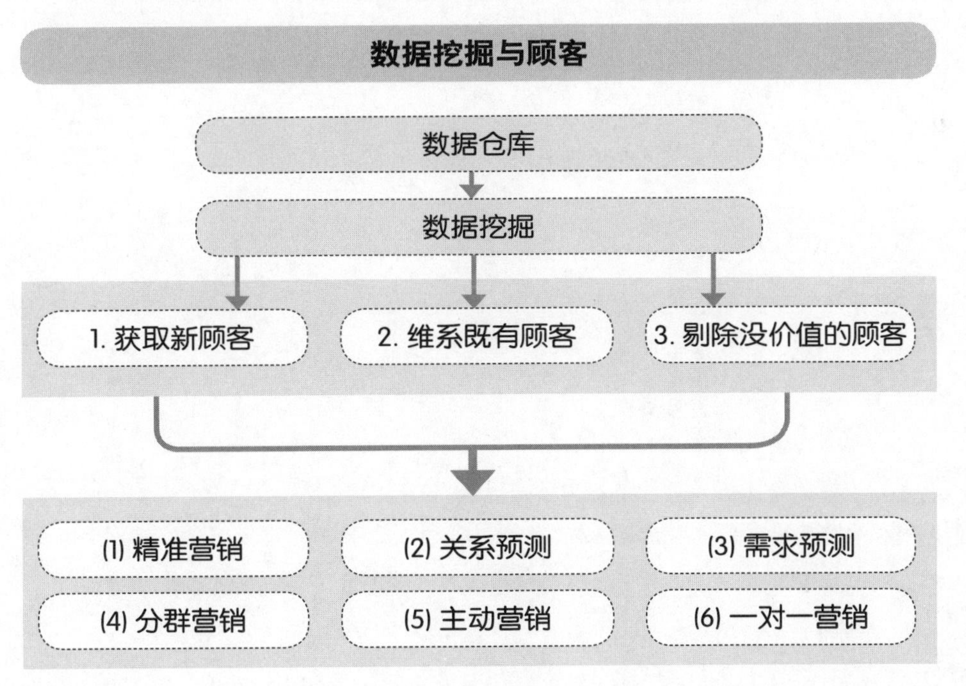

第 7 章

顾客关系管理与营销

7-1 顾客关系管理策略营销六大方向

一、顾客区隔化、分群与分类

(1)在既有顾客群中，哪些人能为企业贡献实质的利润?

(2)企业主要的获利来源是哪一类型顾客的贡献?

(3)在既有顾客群中，哪些消费者不能为企业带来利润，因而不必花太多的心思在他们身上?

(4)在潜在顾客群中，哪些人日后可能成为真正的顾客并能为企业带来利润?

(5)哪一类型的顾客能长期持续消费，累积可观的终生价值?

二、注重顾客的忠诚管理

一项统计资料指出，企业每年会流失25%的顾客。流失一名老顾客，想要去找一名新顾客来替补，可能会花上5倍的成本。

企业应与对企业的忠诚度高且能为企业带来大量利润的顾客保持密切联系，并回馈这一类顾客，包括给他们提供折扣、福利、VIP服务。当他们的消费行为发生异常时，企业应主动追踪，并适时表达出对他们的关注，这样一来，企业就能树立一个“模范”，鼓励其他潜在顾客向这一类的顾客看齐，进而帮助企业获得稳固的顾客群。

三、重视顾客的终生价值

企业观察就会发现，即使是买一辆车，也很少有人会把它用到几十年后，大多数人在使用一段时间后，多半都会有汰旧换新的行为，因此重复购买是常有的现象。

企业应该正视顾客所累积的利润，即使其一次的交易金额不多，但只要长时间内重复购买，就能创造可观的利润。例如，一名顾客虽然一次只购买1 000元的产品，但只要每年有8次交易，连续累积10年下来，他能为企业带来的终生价值便是80 000元。

在这个竞争激烈的市场上，与其争取一时的胜利，倒不如争取永久的胜利，只要时间站在企业这一边，顾客愿意与其维持长期的交易关系，企业不只赚到应有的利润，同时也阻断了对手获利的机会，扼杀了对手的成长空间，这样的营销手法，比短时间获得暴利更值得企业重视。

四、一对一营销

一对一营销强调“了解顾客的心，比强制顾客买东西重要”，因此在营销过程中，不是用各种营销技巧让顾客在非心甘情愿的情况下接受企业的产品或服务，而是要提供更多的信息给顾客，与顾客不断沟通，了解顾客的想法，进而提供适合顾客的产品或服务。

五、客制化营销

大多数的产品或服务多半考虑多数人的行为模式，也就是以多数人的需求作为标准。在顾客为导向的营销时代，应该要让产品或服务能够更具弹性，以符合每一位顾客的需求。因此，在产品或服务上企业应该加入顾客的意见，基于顾客的需求量为其量身订制商品或服务。

六、利用信息技术辅助营销活动

在不知道顾客在哪里的时代，业务员为了找寻顾客必须挨家挨户上门推销，寻找各种可能的机会。这种方式就像打出“散弹”一样，即使侥幸打中目标，也会浪费不少子弹，很不经济。

如果先设定目标再射击，命中的概率当然会高，信息技术便具备这样的能力，它能帮助企业过滤目标顾客，并根据数据所呈现的结果来修正目标，帮助企业找到适合营销的对象，增加营销成功的机会。

必须利用各类信息技术，在交易过程中收集大量信息，以建立完整的顾客数据库。企业可以运用各种数据分析方法来分析整体数据库，寻找顾客交易的轨迹，找出与顾客有关联的各种趋势，进而分析顾客的购买偏好，最终达到促成顾客购买的目的。

重视顾客的终生价值

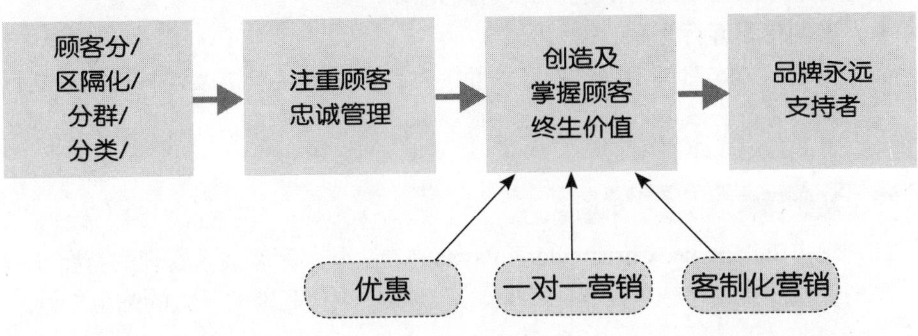

7-2 顾客关系管理营销的阶段和步骤

一、顾客关系管理营销的三阶段观点

学者Kalakota和Robinson从与顾客的关系出发，认为必须以三阶段来妥善管理顾客生命周期及实行顾客关系管理。

1. 获得可能购买的顾客

具备便利性与创新性的产品与服务可作为获取新顾客的方式之一。

2. 增加既有顾客的获利

有效地运用交叉销售与提升销售，企业将能稳固与顾客间的关系，进而创造更多利润。同时，就顾客而言，交易便利性的上升与成本的减少，即为价值的增进。

3. 维持具有价值的顾客

顾客维持事实上即为服务的适当性，亦即企业应以顾客需求而非市场需求为服务目标。

二、顾客关系管理的四步骤观点

学者Peppers和 Rogers认为顾客关系管理可以被看成四个基本步骤的连续进程。

1. 确认顾客

认识您的顾客是非常重要的，而且越详细越好，要能够在所有的顾客接触点、所有的媒体、每一条产品线、每一个地点和每一个部门认出他们。

2. 对顾客区隔及分群

(1)分出优先级，向最有价值的顾客争取最大的利益。

(2)针对每位顾客特定的需求来调整企业策略。

3. 与顾客间的互动

必须改善和顾客之间互动的成本效益与有效性，也就是说，互动要节省成本、更自动。除了明了不同顾客的需求有差异外，还要有方法从某些特定顾客身上通过互动推论出这一类顾客的需求。

4. 客制化顾客行为

用不同方式对待不同的顾客，而该对待方式确实对该顾客具有独特的意义，同时要符合成本效益。

三、其他观点

学者Ballantyne, Christopher和Payne的看法是，顾客关系管理的首要任务是与供货商及顾客建立起互动关系，而且要极大化利害关系人的终生价值。

CRM营销的三阶段观点

1. 获得可能购买的顾客	2. 增加既有顾客的获利	3. 维持具有价值的顾客

CRM营销的四步骤观点

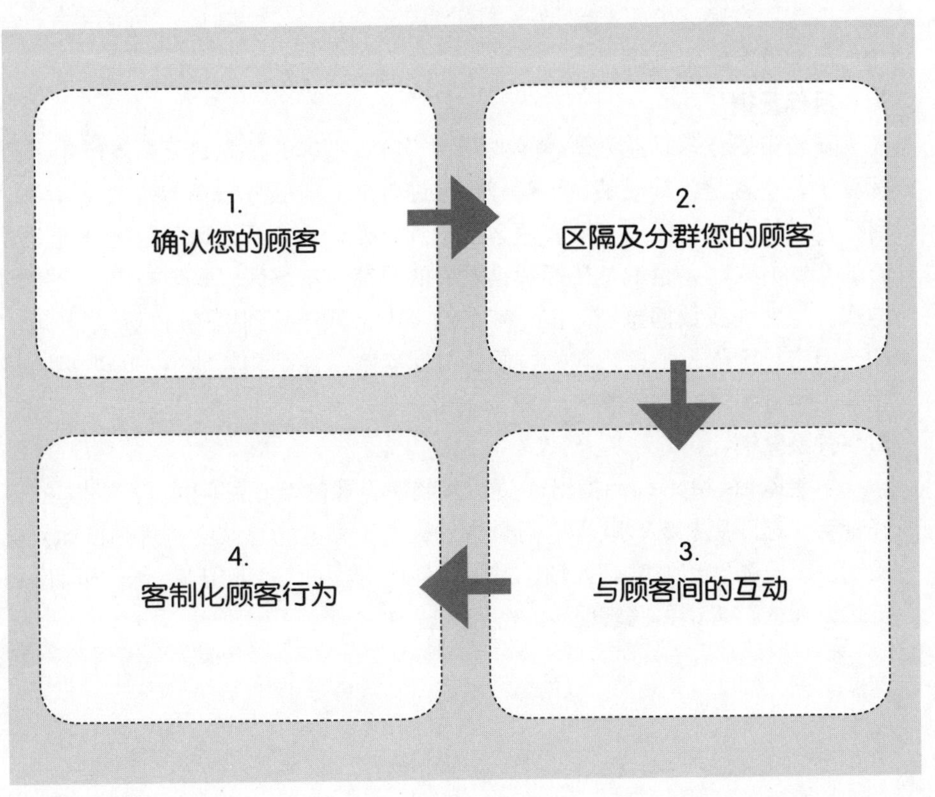

7-3　顾客关系管理与关系营销

关系营销从过去的营销管理观念发展到互联网时代，已成为可以针对个别顾客进行的一对一营销策略。

一、关系营销的三大基础

学者Shani和Chalasani认为关系营销是建立在以下三大基础之上的。

(1)确认、建立与持续更新既有及潜在顾客的数据，包括人数统计数据、生活形态及购买历史等。

(2)利用媒体接触客户，并以一对一的方式传播信息。

(3)追踪每一位顾客，同时每隔一段时间重新评估顾客的终生价值。

二、从大众营销、目标营销到关系营销

产品营销的主要目标是尽可能刺激更多的顾客购买产品。

1.　大众营销

认为所有顾客的需求都是一样的，因而营销会以产品为焦点进行大力宣传，而非针对顾客进行。

2.　目标营销

随着市场竞争日益激烈，企业开始了解到顾客的信息，于是就产生了目标营销，也就是仅针对某一小部分顾客进行产品或服务营销。技术上来说，目标营销的范围可以大至所有顾客或小到个人，企业开始运用数据分析发展新的营销方式时，也就是目标营销发展的早期，市场区隔是最被广泛采用的方式。虽然许多数据显示，在一家企业当中，从产品到销售可能是分开运作的，但市场区隔是根据顾客的特质，包括年龄、性别和其他个人的数据，将顾客归纳分类为一个个群体。

3.　关系营销

学者Regis McKenna指出，关系营销使企业的营销部门从了解顾客的喜好着手，进而更加熟悉顾客，同时这也提高了顾客的忠诚度。营销目标、交叉销售以及顾客忠诚度等计划，是由其他先导型计划演化出来的，同时已经正式成为核心营销和销售程序的一部分。

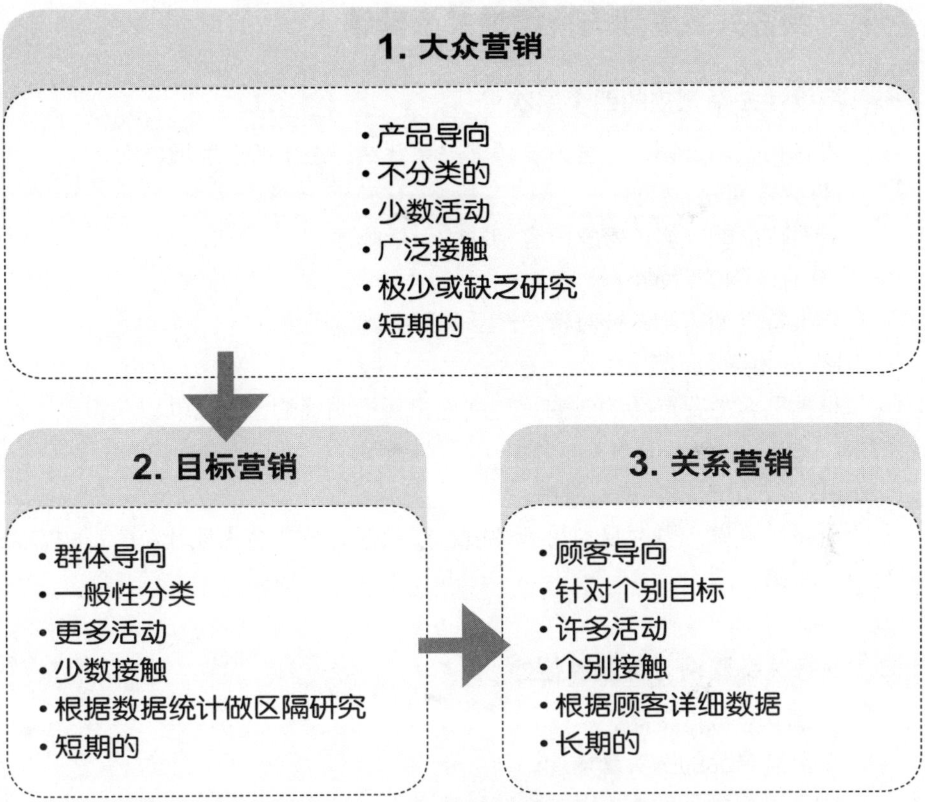

1. 大众营销

- 产品导向
- 不分类的
- 少数活动
- 广泛接触
- 极少或缺乏研究
- 短期的

2. 目标营销

- 群体导向
- 一般性分类
- 更多活动
- 少数接触
- 根据数据统计做区隔研究
- 短期的

3. 关系营销

- 顾客导向
- 针对个别目标
- 许多活动
- 个别接触
- 根据顾客详细数据
- 长期的

一对一营销是趋势

学者Don Peppers和Martha Rogers强调，以往市场依赖规模经济生产标准化产品，再进行大量销售的大众营销模式将逐渐从销售领域中消失。他们认为企业以产品为核心导向的观念将逐渐转向以顾客关系为导向。企业不会再想尽办法将某一项产品卖给更多顾客，而是尽可能对一位顾客销售更多的产品，而且是以长期、交叉各种产品线的营销方式。为了达成这个目标，企业就必须和个别顾客在一对一的基础上建立独特的关系。

这两位学者完整地描绘出营销方式的演进，从标准产品的大众营销、目标营销到关系营销。

一对一营销不仅是和顾客进行个别沟通和宣传，而且能够根据顾客并未明白表达的需求，发展出顾客导向产品。这必须依赖顾客和企业之间良好的变向沟通，彼此间培养出稳固的关系，使顾客能够明确地表达出需求让企业来满足。顾客接收到经过特别设计的营销信息后和企业间产生的互动经验，也是关系营销中相当重要的因素。

7-4 顾客关系管理与持续性关系营销

一、持续性关系营销的四个层次

麦肯锡顾问公司认为全方位顾客关系营销经过了四个发展层次。

(1) 大众营销。

针对广泛的顾客，寄发内容相同的大量邮件。

(2) 有区隔的营销。

瞄准特定顾客群，针对特定产品和服务寄发邮件。

(3) 行为导向的营销。

根据顾客主要行为的改变，持续推出目标明确的营销活动以获得最大经济效益。

(4) 全方位的顾客关系营销。

以多元渠道、事件驱动及各种信息接触，完全个性化地针对个别顾客进行事件营销。

二、做好关系营销对企业的益处

(1)顾客忠诚度提高。

(2)品牌产品的购买量增加。

(3)可建立顾客数据库以支持营销活动。

(4)市场占有率增加。

(5)交叉销售机会增加。

(6)大众媒体广告支出减少。

(7)增加与顾客的直接接触，弱化中间渠道的影响。

TIPS 关系营销三要素

1.确认及建立既有与潜在顾客的数据库。

2.基于顾客的特性及偏好，通过各种渠道传递给顾客不同的信息。

3.追踪每个关系以审视获得这位顾客的成本，并预估他们的终生价值。

持续性关系营销的四个层次

层次一：大众营销

针对广泛的顾客，寄发内容相同的大量邮件。

层次二：有区隔的营销

瞄准特定顾客群，针对特定产品和服务寄发邮件。

层次三：行为导向的营销

根据顾客主要行为的改变，持续推出目标明确的营销活动，以获得最大经济效益。

层次四：全方位的顾客关系营销

以多元渠道、事件驱动及各种信息接触，完全个性化地针对个别顾客进行事件营销。

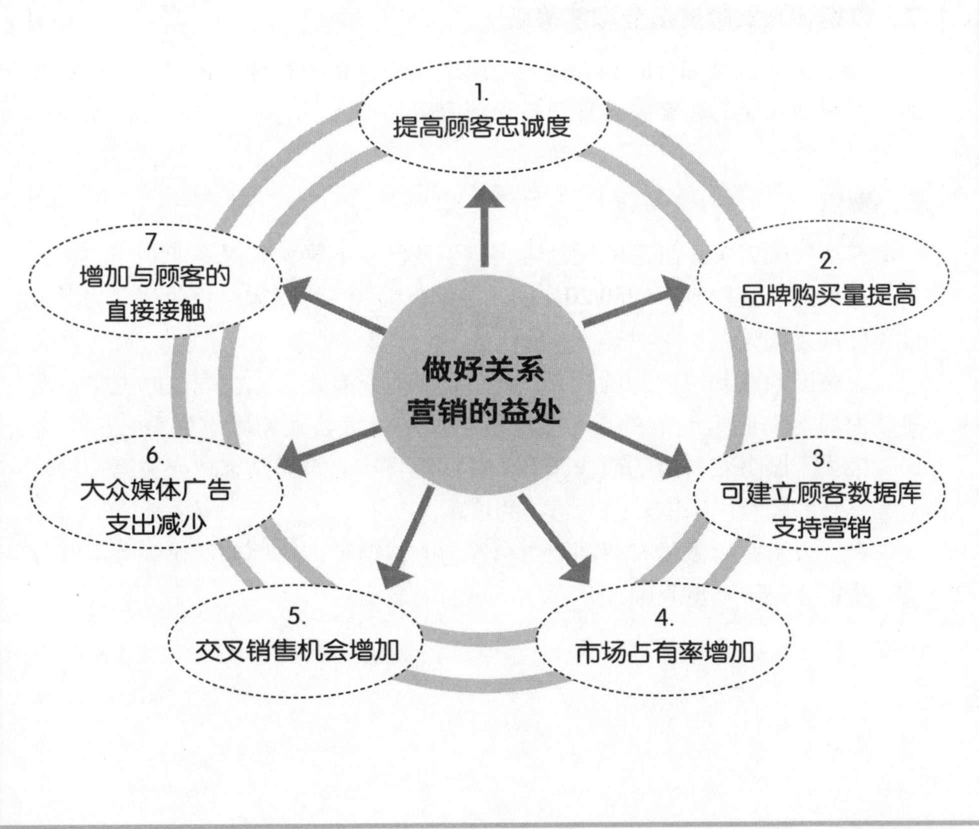

7-5 顾客关系管理与顾客分级

就顾客整体与站在“顾客导向”和“顾客至上”的立场而言，每一位顾客都是很重要的，他们都是企业创造营收与获利的主要根源。

一、顾客分级的重要性

如果再进一步分析，我们会发现顾客对企业的贡献其实是有分别的，企业应以不同的条件及做法去对待不同重要性的顾客。

因此，实务上，信用卡会区分为钻石卡、白金卡、一般卡；化妆品企业也将会员区分为三个或四个不同等级；航空公司、星级酒店、名牌精品店、高级餐厅、百货公司、电视购物公司、网络购物公司等也会将顾客分级。

顾客分级已不是理论问题了，而是实务操作，剩下的问题，只是要区分为多少级、给予什么头衔名称，以及给予什么优惠条件，而这些则都基于企业的营销手法，各个企业都有些不同，但是方向与策略是一致的。

二、依据利润贡献度区分顾客等级

企业必须依照顾客的利润贡献度或终生价值将所有顾客区隔成不同的群组，并采取相应的顾客关系管理与营销策略。

三、案例

在落实顾客关系管理的过程中，辨识及区别不同顾客对企业利润的贡献度是必要的。营销学中的80/20法则，指排行前20%的顾客对企业利润的贡献度可能高达80%。

以美国的联邦快递为例，它们就舍弃了对所有顾客一视同仁的策略，而是依照顾客对企业利润的贡献度来提供服务。该公司将顾客区分成三个等级，致力于服务第一级的最佳顾客，并试图将第二级的顾客转变成第一级，对第三级的顾客则采取劝退与阻挡的策略。

在企业资源有限又有获利及生存压力的情况下，这种差别化服务不但务实，也符合公平互惠原则。

如何增进顾客利润贡献度

1. 巩固既有顾客

- 了解顾客购买喜好
- 运用倾向模型减少顾客流失
- 了解顾客生命周期内购买行为的变化
- 分析顾客终生价值

2. 赢取新顾客

- 整合各种有关顾客的数据
- 针对新顾客购买行为建立倾向模型
- 确认顾客最可能购买的产品
- 知道顾客何时与某公司接触，以及如何与他们沟通

3. 增进顾客利润贡献度

- 实现顾客区隔
- 发掘顾客最可能购买哪些新产品
- 决定营销经费的最佳分配方式

顾客关系管理与顾客分级指标

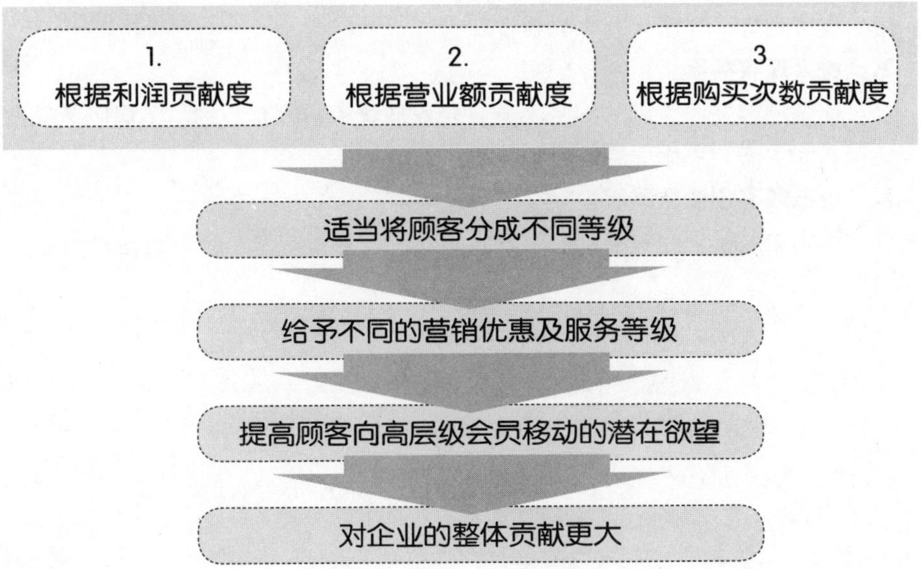

1. 根据利润贡献度

2. 根据营业额贡献度

3. 根据购买次数贡献度

↓

适当将顾客分成不同等级

↓

给予不同的营销优惠及服务等级

↓

提高顾客向高层级会员移动的潜在欲望

↓

对企业的整体贡献更大

7-6　顾客关系管理与顾客忠诚度

一、顾客忠诚度的重要性

(1)吸引一位新顾客所花费的成本要比留住一位既有顾客多出5~7倍。

(2)需要更多正面印象才能弥补一个负面印象。

(3)企业为补救服务质量欠佳的首次消费，往往要多花25%~50%的成本。

(4)100位满意的顾客，可以衍生出15位新的顾客。

(5)每一位投诉顾客的背后，其实还有20位顾客也有同样的投诉，而且会告诉更多同业。

二、忠诚顾客的观念

忠诚顾客应有三个层次。

(1) 第一层是使用后非常满意的顾客。

(2) 第二层是会再次购买的顾客。

(3) 第三层是不但自己购买还会推荐他人购买的顾客。

而第三层也就是顾客关系管理的目标群，因为他们将会带来更多的利润。

三、忠诚顾客的引申

1.　获取新的顾客

企业应以各种方式创造顾客，必须先创造出顾客，才能继续以下的层级。有了顾客，才能有顾客关系管理。

2.　维系现有关系

这是顾客关系管理的核心部分，企业从获取新顾客开始，不仅以产品做链接，而是需要更深一层的互动关系。

3.　由原顾客创造新顾客

顾客关系管理的效益从此部分开始发酵，企业的收益会由此增长。

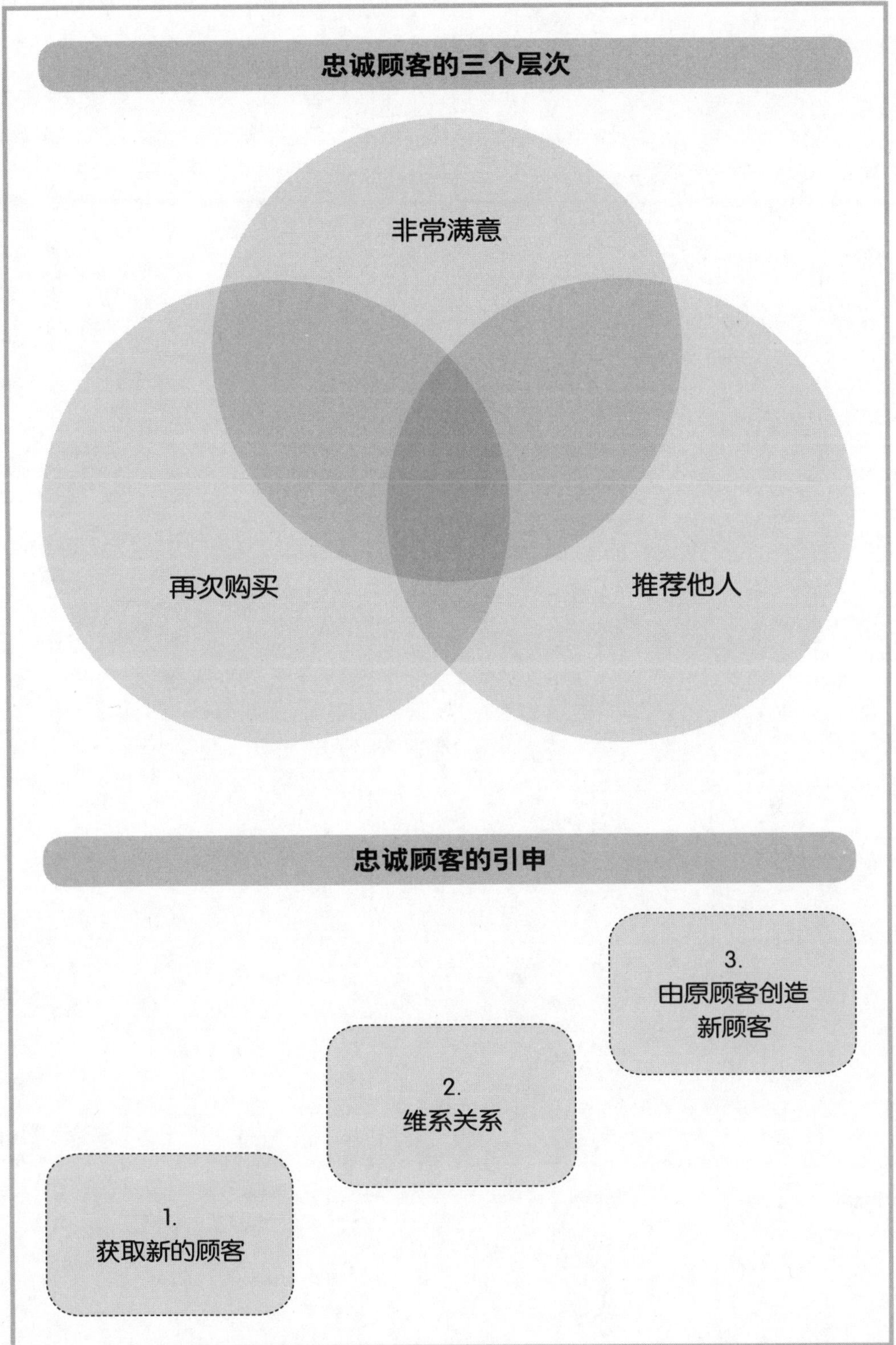
忠诚顾客的三个层次
非常满意
再次购买
推荐他人
忠诚顾客的引申
3.
由原顾客创造
新顾客
2.
维系关系
1.
获取新的顾客

第 8 章

客服中心与电话营销

8-1 客服中心的定义与应用

客服中心（Call Center）是企业接触顾客的一扇窗口，负责服务顾客以增加产品的销售。客服中心从起初的几条顾客专线开始，随着科技的进步具备了更多元的功能。在对客服中心有更进一步的了解之前，我们先从不同学者对客服中心的定义上，厘清客服中心的概念。

一、客服中心的定义

(1)从组织部门的角度来思考，可把客服中心定义为“一个或一组电话服务，专门为特定业务或服务接收来电或外拨电话”，或“专门设计一个最迅速、最有效率、最便捷的接收来电与外拨电话的环境”。此定义描绘出客服中心的基本轮廓，但还无法全面定义客服中心。

(2)客服中心可以提供给企业的价值在于，它能为企业提供更多与顾客接触的机会， 而且客服中心是赢得竞争优势、提供销售渠道的部门。企业之所以成立客服中心，主要是因为客服中心能够降低运营成本、得到顾客忠诚度、快速反应与解决问题。同时，客服中心能够有效整合企业面对顾客的前端与后端。

(3)综合有关客服中心的定义，客服中心是企业为了接触顾客并维持良好顾客关系所设立的有效率接收来电与外拨电话的部门，可以为特定的业务或服务反映问题并帮助顾客解决问题。客服中心可以为企业降低运营成本、增加效率，并且建立企业的竞争优势，进而提高顾客对企业的忠诚度。

二、客服中心的应用

(1)在众多商业行为中，客服中心的地位越来越重要，应用行业也非常广泛。顾客或潜在顾客可以通过企业的客服中心了解最新产品信息、取得售后服务或提出投诉。

(2)各企业可通过客服中心提升商业形象、销售产品、维持良好的顾客关系、改善顾客满意度、提升顾客忠诚度，进而拓展市场。

(3)传统用来支持顾客服务中心运作的信息系统，主要以计算机电话整合（Computer Telephone Integration，CTI）为基础平台，以此建构出模拟电话语音与计算机信息密切结合的顾客服务整合环境。时至今日，网络蓬勃发展，顾客服务的方式也从单纯的模拟电话语音、传真服务，扩展为包括电子邮件、语音电子邮件、网络语音、在线文字对话和网页同步浏览等多种形式。

客服中心的价值

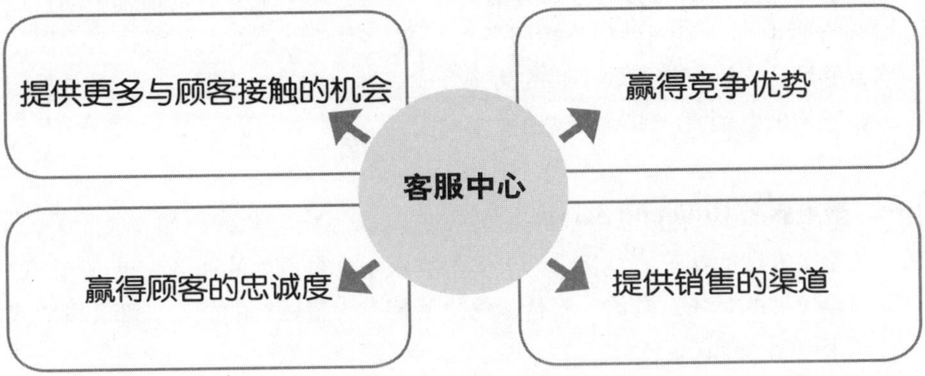

客服中心的应用行业

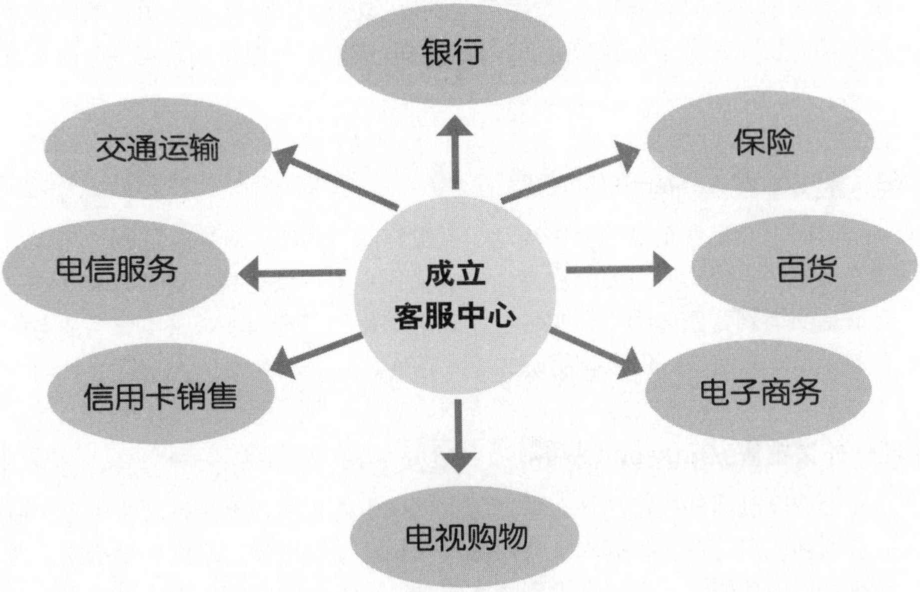

客服中心应用的领域非常广泛，银行、电信、医疗、保险及运输等行业均可通过客服中心来给顾客提供专业及迅速的优质服务。由于客服中心整合了电话、计算机和网络等技术，顾客可以非常便利地与企业联系，享受企业所提供的服务；当然，企业也能够充分利用自己所拥有的顾客数据主动向顾客提供服务。

8-2 客服中心的四大功能

客服中心提供服务的方式有两种。一种是来电服务，是顾客主动打电话到客服中心；另一种是外拨服务，是客服中心主动打电话给顾客。以不同目的细分，则可将客服中心的功能分成四种，一是来电服务，二是外拨服务，三是来电销售，四是外拨销售。

一、来电服务 (Inbound Service)

服务专线的接听，是目前绝大多数客服中心最成熟的业务，也是客服产业最早发展的功能。电信、银行、保险等拥有大量顾客的行业，都会设立或外包来电服务部门。

二、外拨服务 (Outbound Service)

在顾客导向的市场潮流下，被动等待顾客来电的服务已经无法完全满足顾客的需求，于是客服中心产生了一项新的功能，即主动拨出电话对顾客进行关怀。但在实务上外拨服务工作很难被明确地区分出来，其工作分散在来电服务及外拨销售两个业务之间。

三、来电销售 (Inbound Sales)

客服中心配合企业的营销活动，设置订购专线服务顾客，使顾客可以直接拨入电话完成其所需要的交易。来电销售不但可以交易，更可以直接把顾客信息回馈到营销部门。在实务上，来电销售的工作大多被来电服务业务的客服人员一起完成，但未有明确的绩效指标。

四、外拨销售 (Outbound Sales)

企业以电话外拨营销是一项更为主动积极的工作，尤其是客服中心可以整合顾客往来的翔实数据库，大幅提升营销活动的广度、深度和精确度。但是执行这项功能时，必须考虑到顾客感受，不能让顾客感到由于企业掌握了顾客个人信息而被强迫推销，这样反而会对业绩产生负面效果。

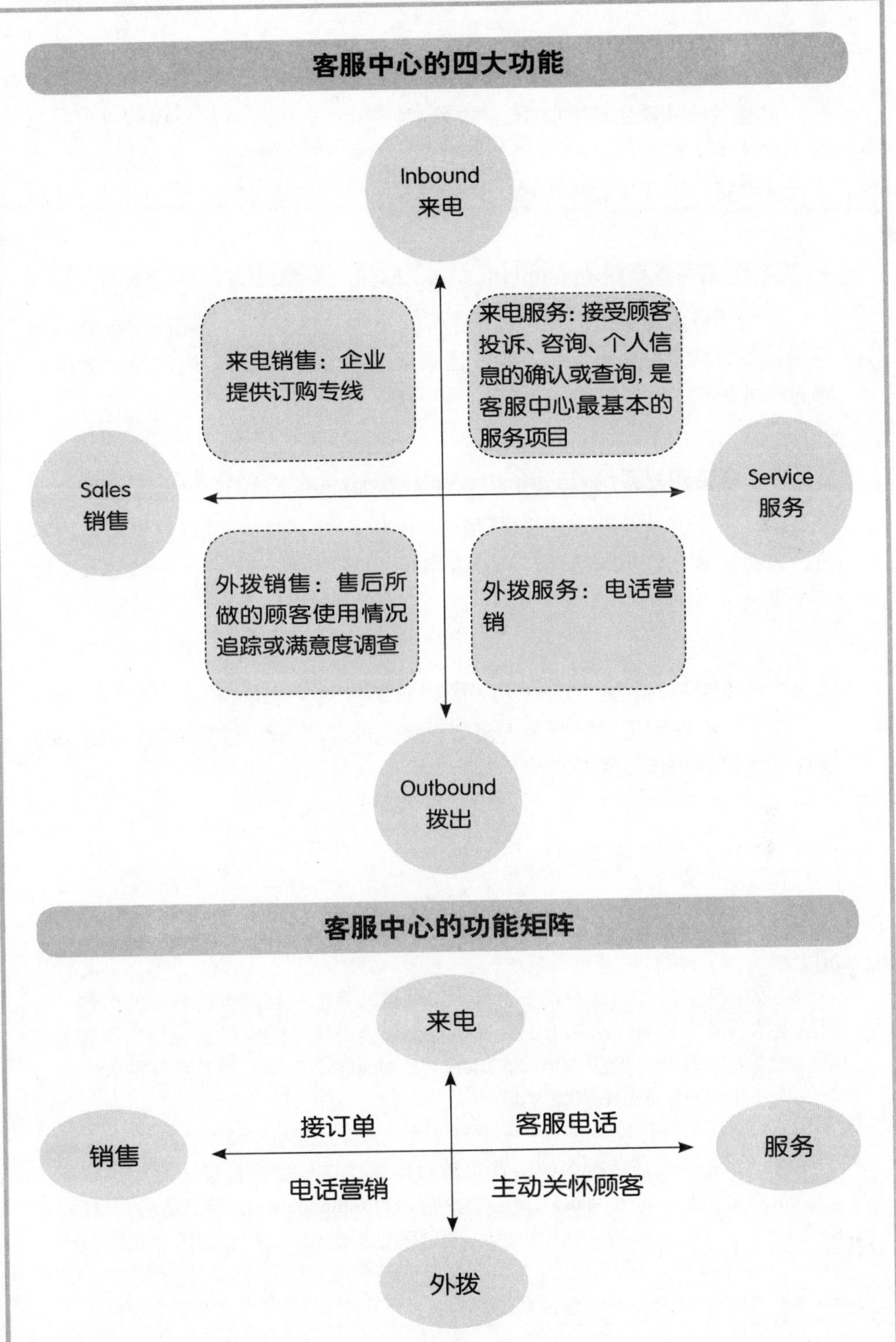
客服中心的四大功能
Inbound
来电
来电销售：企业提供订购专线
来电服务：接受顾客投诉、咨询、个人信息的确认或查询，是客服中心最基本的服务项目
Sales
销售
Service
服务
外拨销售：售后所做的顾客使用情况追踪或满意度调查
外拨服务：电话营销
Outbound
拨出
客服中心的功能矩阵
来电
销售
接订单
客服电话
服务
电话营销
主动关怀顾客
外拨

8-3 客服中心重要技术及操作流程

信息科技的应用是客服中心成功的关键之一，近年来信息科技已大幅提升了客服中心的效能，减少了人工投入，提高了服务质量。一般认为客服中心需要具备以下几项关键技术。

一、自动话务分配系统 (Automatic Call Distributor, ACD)

自动话务分配系统可以协助每个顾客来电快速有效地分配到值机电话服务员，使顾客尽快获得服务，也能让电话服务员的平均服务时间及次数得到最有效的配置。

二、自动语音回复系统 (Interactive Voice Response, IVR)

自动语音回复是顾客通过电话按键，由语音的引导来进行信息传递的系统。自动语音回复系统结合计算机应用了通信交换技术、语音处理技术及数据管理技术。

三、计算机电话整合系统 (Computer Telephone Integration, CTI)

顾客对企业所提供的服务质量要求日益严苛，一个支持多元通信媒体的客服中心已成为企业维系顾客关系的策略性利器。

TIPS 什么是计算机电话整合系统？

计算机电话整合的目的，主要是希望通过计算机来控制电话系统的运作，增强电话系统的功能。基本上，计算机电话整合系统中的电话系统是指顾客电话系统，包括用户交换机（Private Branch Exchange，PBX）及其所连接的内线分机及各种终端设备，如传真机。

计算机电话整合系统的另一项重要功能是媒体处理（Media Processing），即利用计算机来处理数据，如语音及传真信息。这一类整合应用已经比较成熟，如语音信箱（Voice Mail）、自动总机（Auto-attendant）、传真服务器（Fax Server）等。不过，因为计算机电话系统的互动较简单，这些应用的附加价值不高，并一直在降低。因此，企业有必要开发一些较高价值且新颖的应用系统。

综上所述，计算机电话整合系统的功能可分为“媒体处理”和“话务控制”。

客服中心三项重要技术

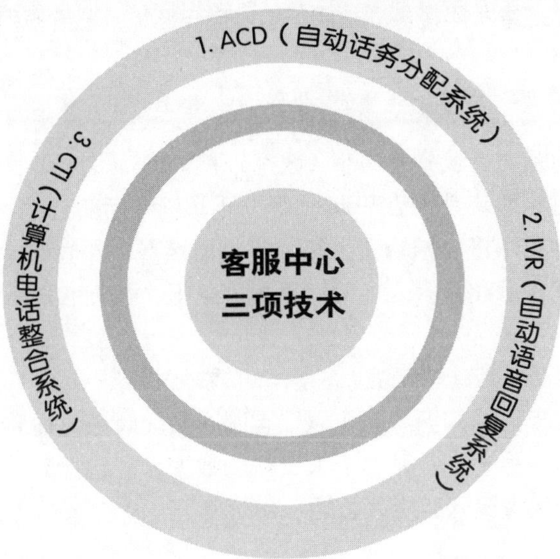

客服中心三项重要技术的功能

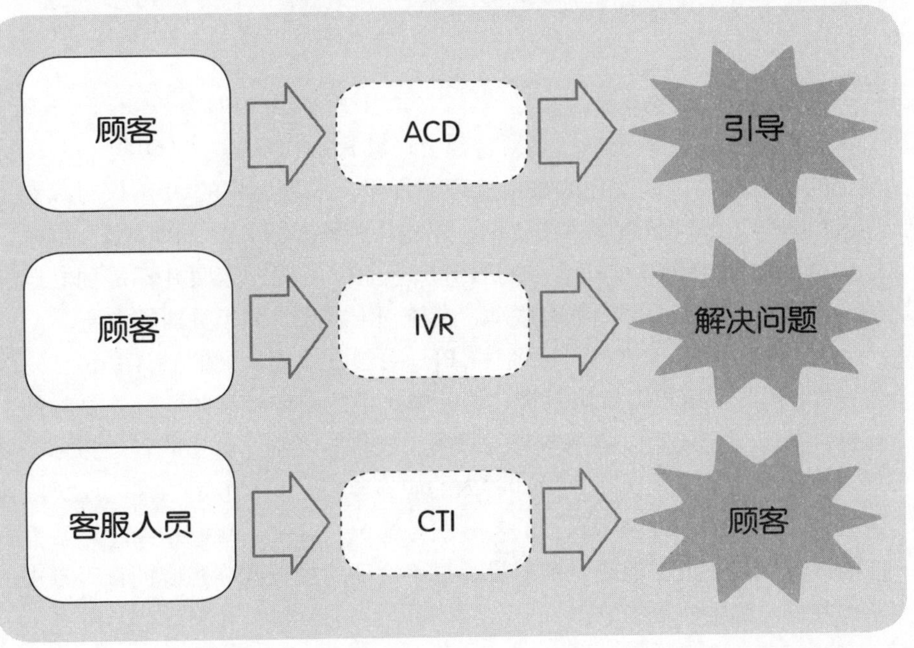

8-4 客服中心三大要素

客服中心要完整发挥其各项功能，必须整合系统、人员和程序三大要素。

一、系统

客服中心的系统大致分为Data（数据）和Voice（语音）两类。现代化的客服中心已经将这两者整合在一起，通过计算机电话整合系统（CTI），在顾客打入电话时即能将之转给适当的服务人员接听，并立即搜寻顾客的个人数据和来电记录显示在客服人员的计算机屏幕上，帮助客服人员为顾客提供最贴切的服务。

要做到这一点，数据库的建立是不可或缺的。这包含了两个部分的工作，一个是企业专业的知识库，可以让客服人员随时搜索得到基本问题的答案和所需的知识；另一个是顾客个人资料的数据库，包括账单数据等。数据库的建立，可以大大提升客服人员的工作效率。

二、人员

顾客绝大多数时候与企业接触的通道就是客服人员，所以，优秀的客服人员绝对是客服中心能够成功的一大关键。客服中心的运作就像一辆跑车，如果操纵和维修跑车的人不合格，在别人眼中这辆跑车也不过是一台不怎么样的车子。

三、流程

在流程方面，客服中心必须要建立一套标准作业程序（OP），包括标准化的应对用语、制度化的来电处理流程等。规划良好的OP不仅可以让工作人员清楚了解自己该做哪些工作，还能达到顾客服务过程的一致和顺畅，让每位顾客都能获得相同水平的服务。企业要了解，客服并不是独立运作的，客服中心和其他部门都有联动，在流程上要经常和相关部门沟通。

对客服流程的管理，可以通过KPI（关键绩效指标）的制订和考核来改善。客服中心的KPI考核可以量化为顾客来电的平均处理时间、脱机时间、投诉件数等。企业可以依据本身的需求、成本等，制订合适的管理指标，例如，有的企业就规定客服人员20秒内的应答率要达到85%。当然，还可以通过听录音的方式评价客服人员的实际服务情况。客服不比制造业，通常事后才能进行质量管理，但还是要尽量通过不定期的抽查或满意度调查等方式，掌握并提升客服流程的效率。

客服中心三大要素：系统、人员、流程

系统包括数据和语音两大类；流程指客服中心的各项操作程序；人员当然就是第一线的客服人员。对客服中心而言，没有专业的客服人员，所有的系统和流程都只是废物；但是空有客服人员而没有完整的系统和顺畅的流程，也无法将客服中心的功能发挥到极致。因此，这三个基本要素要并存并重才能让客服中心有效运作。

客服中心的操作流程

1. 顾客拨打电话到客服中心
2. 交换机的自动话务分配系统（ACD）启动，接收信息并记录来电
3. 顾客来电转至互动语音回复系统（IVR）
4. 启动IVR，提供互动语音查询
5. 顾客依循IVR提供的流程按键选项输入
6. IVR根据顾客选项，将操作信号传回ACD，接着展开两个同步操作

7-1. 顾客数据部分
8-1. 在电脑数据库中搜索顾客数据
9-1. 将顾客数据传至客服人员的电脑屏幕上

7-2. 顾客语音部分
8-2. ACD启动客服人员的电话铃声
9-2. 客服人员接听后，ACD开始记录通话内容

客服中心的来电服务操作流程

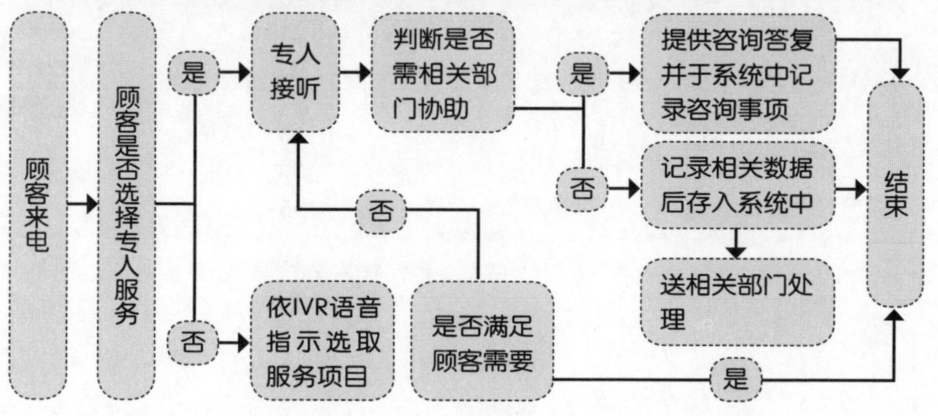

第 9 章

顾客关系管理案例

9-1 POS系统看不到的顾客需求（一）

经营者常以POS系统呈现的销售数据作为营销策略及企业运营的重要参考，不过，顾客真正的需求与心声，却是POS系统无法显示的。

顾客数据收集是营销活动中重要且关键的一环，很多使用POS信息系统的卖场及店面中，系统里的销售统计数据可以告诉商家哪些产品卖得好或不好，也可以告诉商家商品卖给了哪些类型的顾客。然而，也有很多消费者数据是POS系统无法看到及预判出来的。因此，就如何有效收集POS系统中看不到的顾客需求，以及探索顾客为何不上门购买原因，日本的几家零售业者有一些不错的方法可供参考。

一、收集现场数据，了解客户需求

日本东武购物中心曾推出DAMVO系统专门收集现场顾客的数据。该公司规定各专柜销售人员在服务顾客之后，必须在计算机上输入顾客购买目的、买或不买的理由、想买什么样式，以及顾客身高、年龄、职业、同伴等，共20个基本数据。

这个DAMVO系统特别重视顾客不买的原因，以探索顾客的购买心理。POS系统资料中，并不会显示顾客为何不入店，或是进来看了一圈后什么也没买的原因，POS系统只能告诉企业“发生什么？”，但不会告诉企业“为什么？”。

以东武池袋店四楼的女装专柜及女鞋专柜为例，平均每月都会收集输入约5 000条来自现场购买或未购买顾客的数据。例如，该鞋专柜发现某品牌女士鞋的尺寸中，21.2cm~25.5cm是多数女性的需求，因此就多进此尺寸的货以供应顾客。过去，这往往都是店员暂时记住，到了月终回公司讨论时才提出来，但这样时效性太差。

DAMVO系统要求必须当天将数据输入计算机，总公司或供应厂商隔天看到市场反馈，就能即刻反应或改善，而不会失去销售机会。

之后，东武更是导入“携带型POS”结账系统，如此店员可利用刷卡结账的一分钟时间，与顾客聊天，收集要输入DAMVO系统的数据。

这些IT工具的导入，更加提升了东武购物中心的卖场竞争力。

POS系统之外的必要方法

日本东武购物中心

推出现场收集顾客数据系统

输入顾客数据（重点是“买或不买”）

- 买的目的
- 买的原因
- 不买的原因
- 性别
- 年龄和职业
- 顾客身高
- 产品样式
- 独自或有人陪同
- 其他项目

了解并掌握顾客买或不买的动机、原因、购买心理

作为即刻反应或改善的依据

9-2　POS系统看不到的顾客需求（二）

二、举行顾客座谈会

从多年前开始，日本伊藤荣堂总公司规定各大型店必须每半年举办一次由店长主持的“顾客面谈调查”座谈会，每次邀请5个会员顾客，连续举行10场。座谈会最主要的目的，是了解许久未来购买或是离开了不再回来的顾客的意见及心声，并深刻探索其原因。

顾客座谈会除了由最高主管店长出席主持，女装部、女鞋部、生鲜部和家用部的卖场负责主管也需出席。最后还必须撰写完整的调查报告，提出存在的问题与改善建议，然后到总公司与各相关总部主管开会讨论，逐一解决问题。

伊藤荣堂表示，通过“顾客面谈调查”的落实，可以了解流失或离去顾客的心理或不满。请卖场大部分高级主管出席，是希望让顾客的声音信息为每一名主管所知。让最高主管主持会议，就是要让卖场的最高决策者能做出正确及时的决策。最终目的是希望每一个卖场都成为有魅力的卖场。

三、不依赖过去的数据，要创造新的市场

日本7-ELEVEN认为企业最大的竞争敌手不是竞争对手，而是顾客。它们每天早上起来最担心的事情是“顾客走了”，而不是竞争对手又使出什么新花招。

如何打破大家共同面临的困境，即市场饱和问题，是7-ELEVEN的思考重点。它们认为不能依赖过去的数据，要经常创造新的市场及新的需求。而新商品的持续开发及诱发现场消费者的冲动性购买，则是两个表现重点。

打破消费饱和的梦魇，创造新的市场，引导新的消费需求，就应重视有效收集POS系统中看不到的顾客需求，将离去的顾客再找回来，这是营销制胜的根本思考所在。

举行顾客座谈会

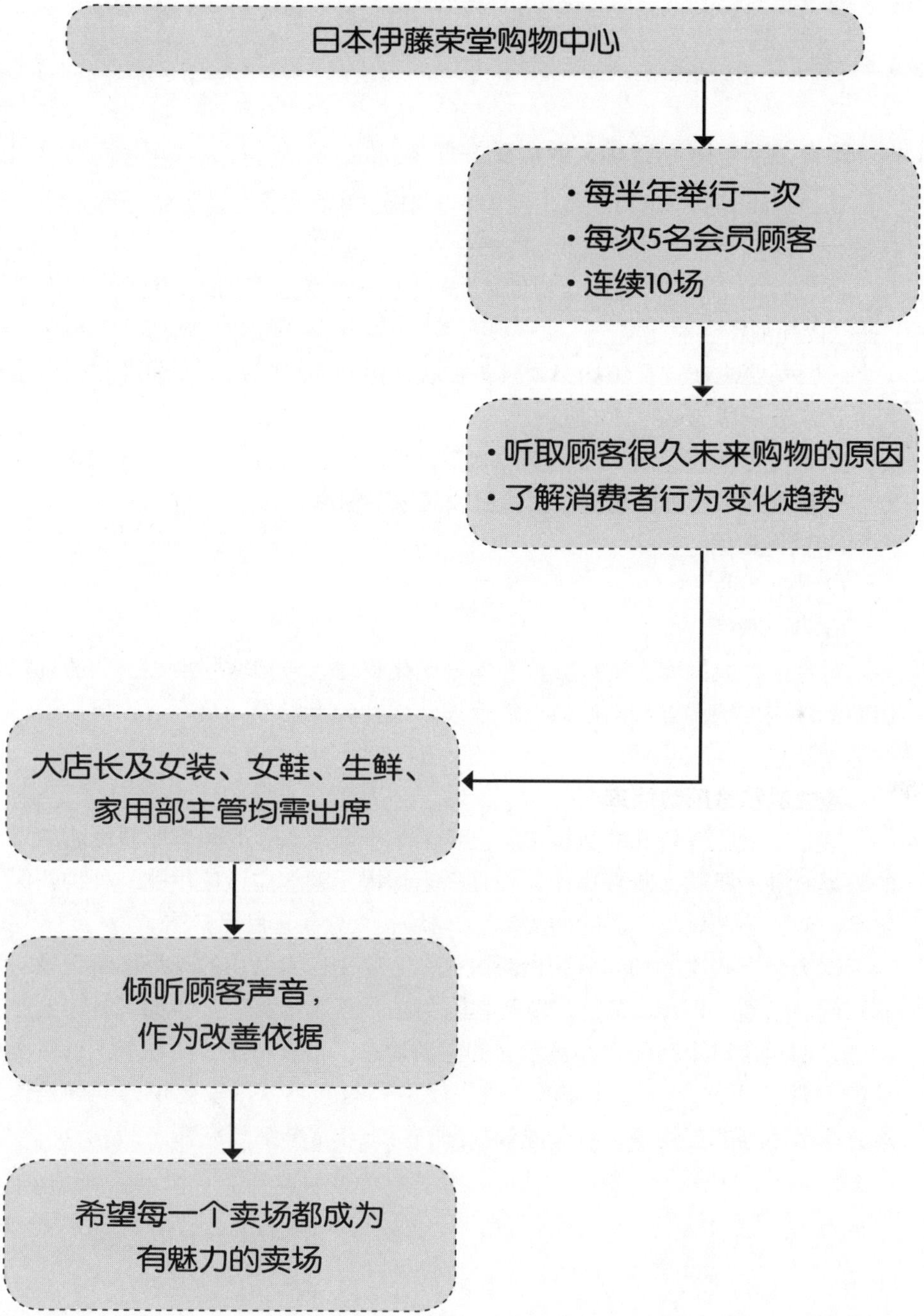

日本伊藤荣堂购物中心

- 每半年举行一次
- 每次5名会员顾客
- 连续10场

- 听取顾客很久未来购物的原因
- 了解消费者行为变化趋势

大店长及女装、女鞋、生鲜、家用部主管均需出席

倾听顾客声音，作为改善依据

希望每一个卖场都成为有魅力的卖场

9-3 日本Dr. Cilabo化妆品顾客关系管理系统导入（一）

原本以型录销售为主的日本Dr. Cilabo化妆品公司，自从导入CRM系统，广受顾客好评，业绩也蒸蒸日上，足见CRM完成了一些竞争者还没有做的事。

一、顾客关系管理系统导入后广受好评

Dr. Cilabo导入CRM系统，对顾客实施新的商品开发及促销沟通方法，使该公司的获利率能维持在20%的高水平。

该公司在皮肤科专业医生协助下，开发出护肤美容保养品，受到使用者的好评。因为消费者对此类产品比一般面膜及化妆品等更要求信赖感及安心感。

该公司要求新进员工均必须具备护肤及保养的专门知识，通过测试后才可以正式被任用。

该公司的CRM系统，首先有两大数据库系统。

1. 一般性的顾客管理基础数据库已收集以下信息

(1)销售数据。

(2)顾客数据。

(3)商品数据。

对这三种数据库，进行数据仓库一元化管理，包括客服中心、现场直营店面、外包市场调查和网站调查等管理，并且设专责部门及专责人员负责详细规划及分析。

2. 建立肌肤诊断数据库

这是一个比较特殊的数据库，已积累了十余万人次的顾客肌肤诊断结果的数据。导入肌肤诊断数据库，并且适当地提示顾客应该使用哪一种护肤保养品，使该公司此类产品的购买率呈2倍增长，效果远胜于广告。

这十余万人次的顾客肌肤诊断数据，主要来自直营店的现场诊断记录、邮寄问卷答复、E-mail答复，以及客服中心、顾客与美容师咨询答复。这些问卷，都包含21个问题，涵盖顾客的生活形态、工作形态、肌肤状态、对肌肤的日常护理方式、需求分析、过去使用哪些产品、目前出现的问题是什么、季节不同的影响等，可以说对数据的要求非常精细与完整。

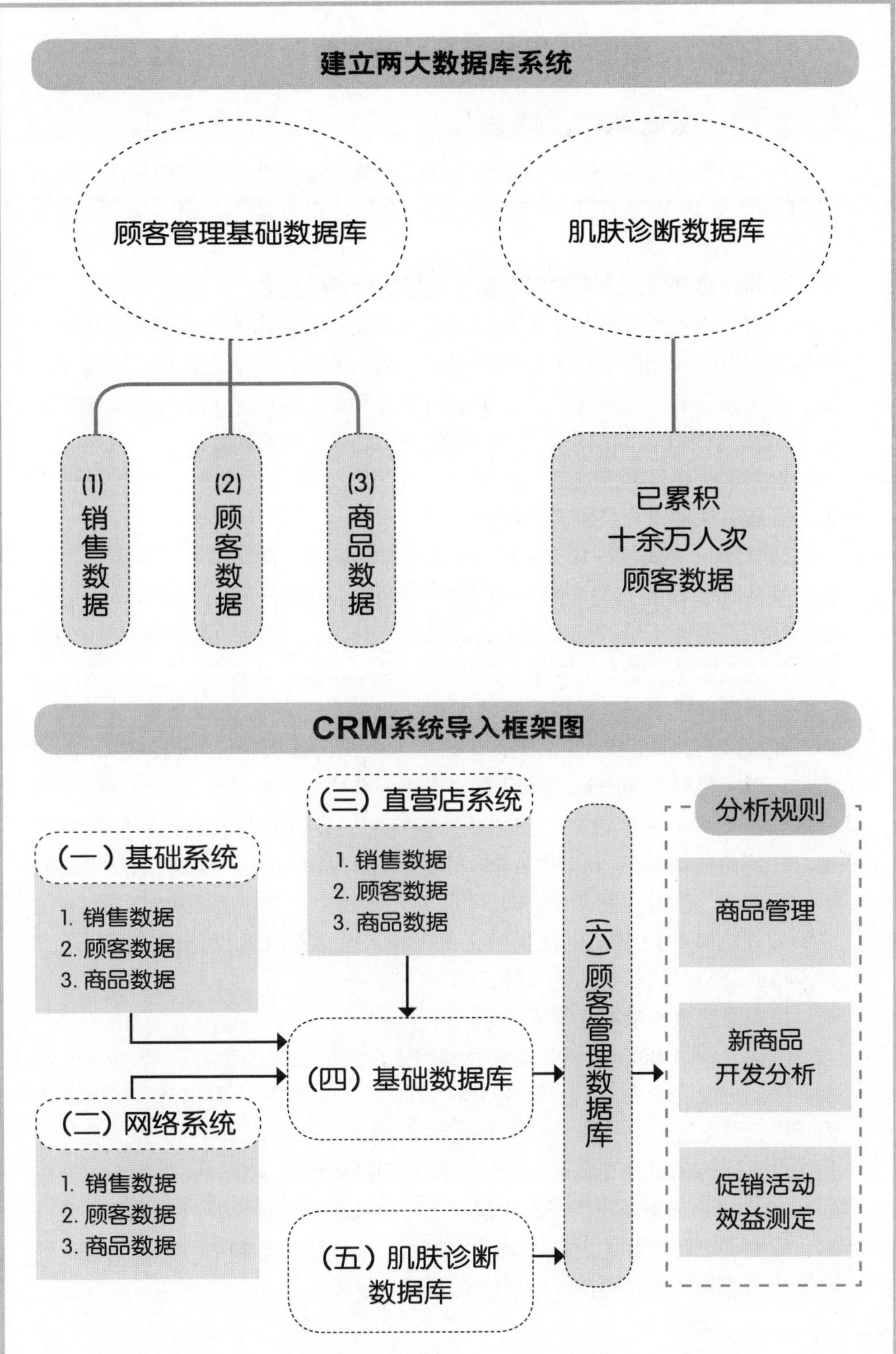
建立两大数据库系统
顾客管理基础数据库
肌肤诊断数据库
(1) 销售数据
(2) 顾客数据
(3) 商品数据
已累积
十余万人次
顾客数据
CRM系统导入框架图
(一) 基础系统
1. 销售数据
2. 顾客数据
3. 商品数据
(二) 网络系统
1. 销售数据
2. 顾客数据
3. 商品数据
(三) 直营店系统
1. 销售数据
2. 顾客数据
3. 商品数据
(四) 基础数据库
(五) 肌肤诊断
数据库
(六) 顾客管理数据库
分析规则
商品管理
新商品
开发分析
促销活动
效益测定

9-4 日本Dr. Cilabo化妆品顾客关系管理系统导入（二）

二、顾客关系管理的导入的功能

Dr. Cilabo公司建立顾客管理数据仓库之后，再进行在线分析处理（OLAP），以及营销部门的数据挖掘。该公司成功运用CRM系统，主要表现在以下几个方面。

1. 在新产品开发及既有产品改善上呈现非常好的效果

通过数据仓库及数据挖掘获得顾客对公司产品使用的效果评价、优缺点建议等，以之作为既有产品强化的依据，顾客的新问题点则有助于开发新产品，解决顾客的问题需求。衍生健康食品及保健药品的多元商品领域拓展，也可以从这些顾客数据中获得消费者心声及潜在需求，从而进入反应、假设、规划、执行及验证等营销程序。

2. 正确有效地对会员顾客的促销

Dr. Cilabo公司依据顾客不同的年龄、购入次数、购入商品、生活形态、肌肤性质和工作方式等，将每月寄发给会员的刊物分为二至四种不同的版本，并相应设计不同的促销方案。此种精细分类，主要目的在于摸索出如何最有效地适应顾客的商品需求，从而有效提升商品购买率。

3. 倾听顾客需求，全员成为营销人

长久以来，Dr. Cilabo公司即要求营业人员、客服中心人员、CRM部门人员，务必要尽可能亲自聆听顾客的声音，有计划、有系统、有执行地充分有效收集及运用顾客信息，使之成为新商品开发创意及促销活动的最好依据，并将这些信息纳入每周主管级的扩大经营会汇报上，以提出反省、分析、评估、处理及应用对策。Dr. Cilabo公司希望这套精密数据的CRM系统成为公司的特殊组织文化及企业文化，深入全体员工的思路意识及行动意识，达成公司全员都是营销人的目标。

4. 挖掘顾客更多潜在性需求

以前，Dr. Cilabo公司以型录贩卖为主，会员人数约200万，重购率非常高，平均每位会员每年订购额为5至10万日元。后来该公司也开展了直营店的开设，希望达到虚实合一的互补效益以加速扩大Dr. Cilabo肌肤保养品品牌知名度，让公司运营飞跃成长，进而能达到从中小型企业迈向中型企业规模的目标。由于CRM系统的导入实现了有效率的新商品提案及既有商品改善提案，发掘了更多顾客的潜在性需求，迎合了个性化与客制化的忠诚顾客，最终给公司营收与获利的持续增长带来显著的效益。

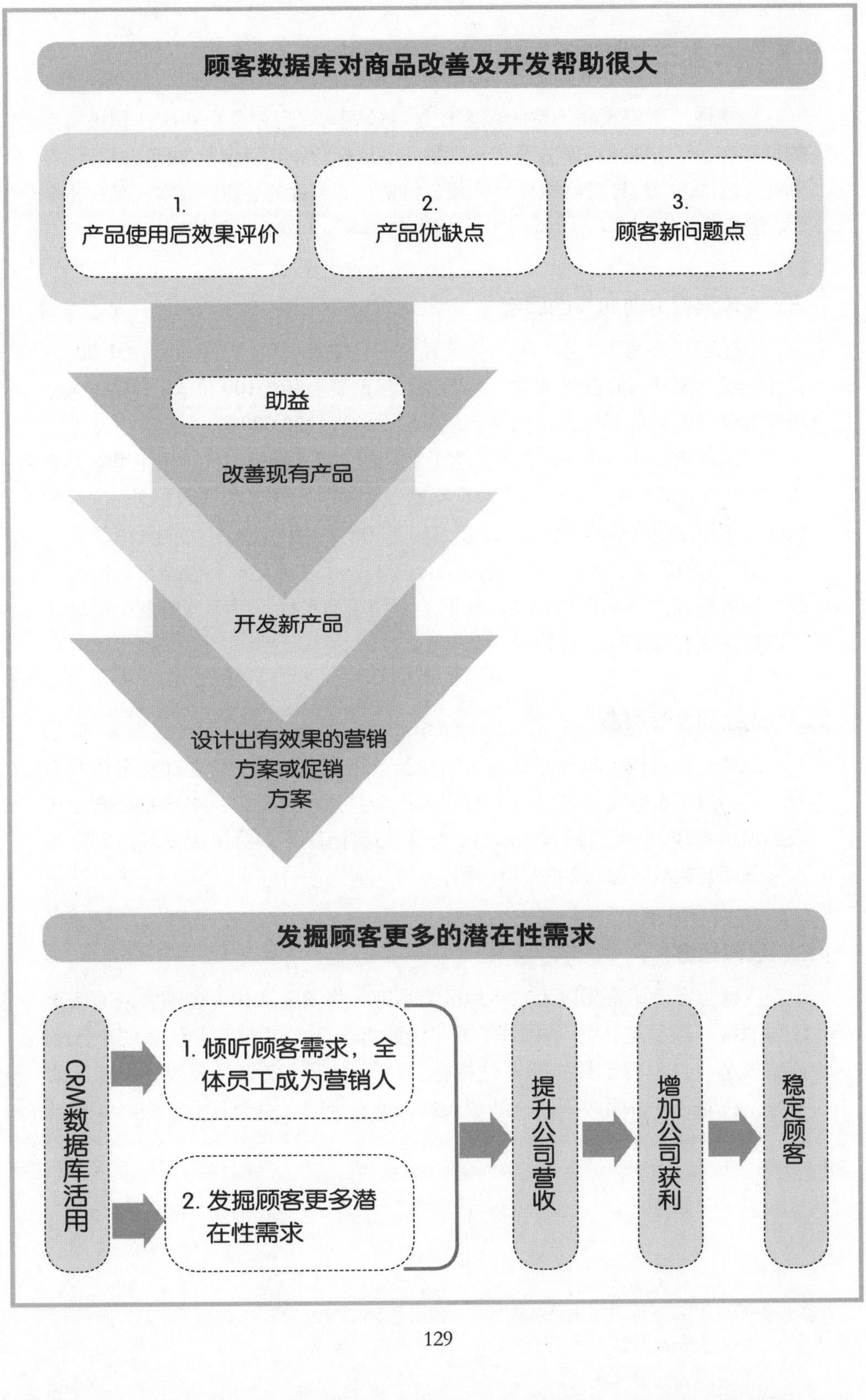

顾客数据库对商品改善及开发帮助很大

1. 产品使用后效果评价

2. 产品优缺点

3. 顾客新问题点

助益

改善现有产品

开发新产品

设计出有效果的营销方案或促销方案

发掘顾客更多的潜在性需求

CRM数据库活用

1. 倾听顾客需求，全体员工成为营销人

2. 发掘顾客更多潜在性需求

提升公司营收

增加公司获利

稳定顾客

9-5 日本三越百货“超优良顾客”营销（一）

经常性消费或大额消费的顾客才是有效顾客，也才是企业应该积极维系的真顾客。而在现在极度分众化与区隔化的目标营销下，企业如何以“超优良顾客”为核心专注经营好这些目标顾客将是企业制胜的关键。日本三越百货公司，展开营业组织变革，并导入以“超优良顾客”为核心重点的营销活动。

一、专攻消费力前30%的顾客

三越百货公司最上层10%的会员顾客，平均每人年消费金额约为1 000万日元，最上层30%的会员顾客，平均每人年消费金额约100万日元，这30%会员顾客创造的营业额约占总营业额的60%，总人数20 000人。

三越百货公司将这些超优良顾客分为两组。第一组是以60岁以上顾客为中心，将其家庭成员纳入，这些家庭成员情况都被收入顾客数据库，这些家庭成员就被作为营销活动的目标对象。第二组是30岁左右比较年轻的个人消费者。

前30%的顾客，对三越百货公司而言才是具有意义的有效顾客，或可被称为顶级顾客。三越百货公司以他们为营销活动目标，并称这些营销活动为“以特定顾客为主的主题营销活动”。

二、成立顾客营业部

三越百货公司大胆进行营业组织变革，将过去被动的营业部更名为顾客营业部，并将东京及横滨地区的营业人员合并为项目小组。平均每个营业代表必须负责500个优良顾客的服务、维系与促销任务。对超优良客户则以每人服务顾客数量不超过200人为目标。

三、区隔顾客

三越百货公司首先以大东京地区为示范，将该地区10万名顾客依消费次数与消费金额贡献，分为A、B、C三级顾客。此制度对营业代表的个人业务绩效考核，也有了具体的评估指标。每个营业代表每月必须分析辖区的顾客，获取这个月顾客到店的消费次数与消费金额。每个营业代表必须更细心、更主动地经营所分配到的超优良顾客。

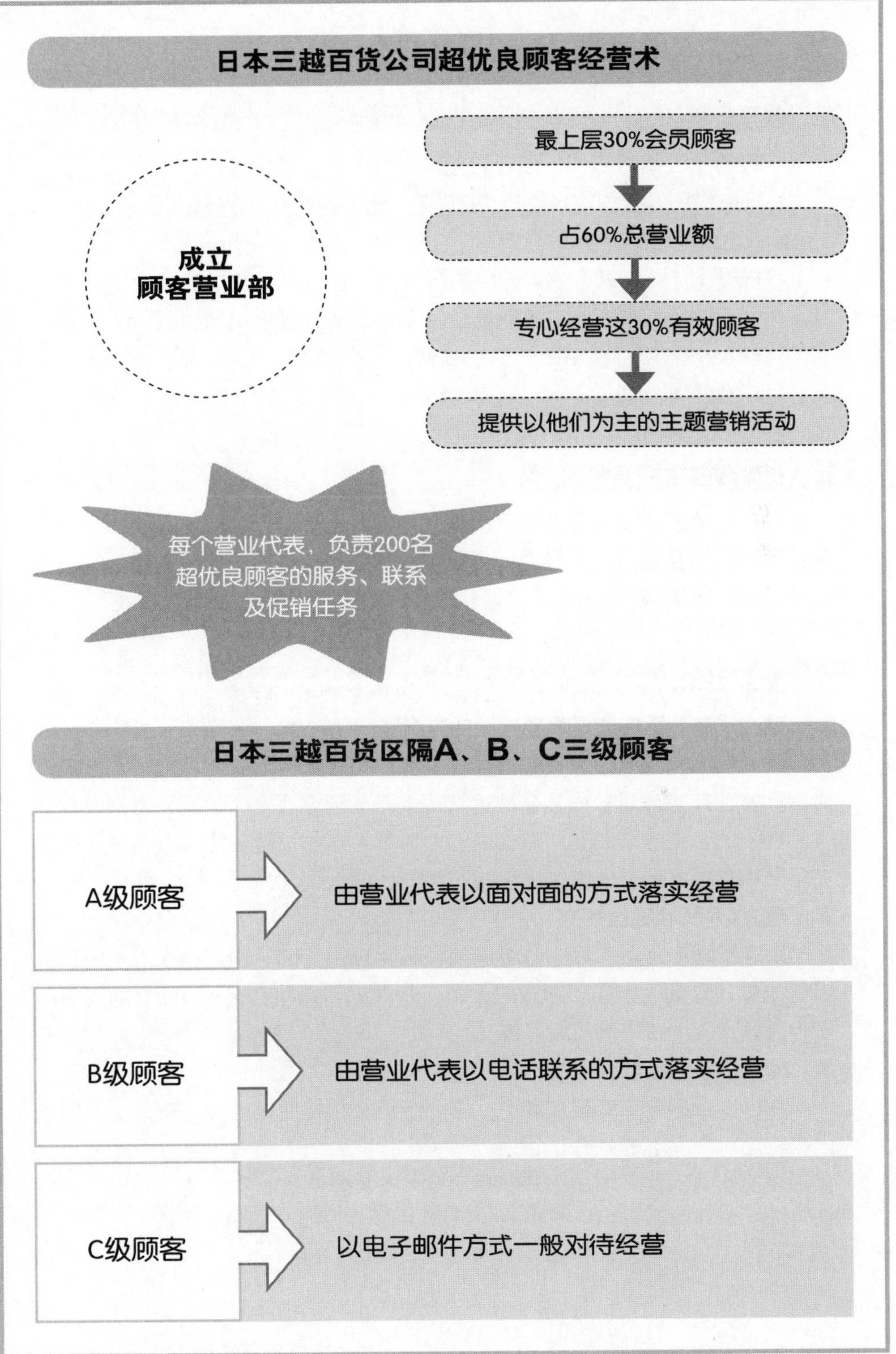
日本三越百货公司超优良顾客经营术
最上层30%会员顾客
占60%总营业额
专心经营这30%有效顾客
提供以他们为主的主题营销活动
成立
顾客营业部
每个营业代表，负责200名
超优良顾客的服务、联系
及促销任务
日本三越百货区隔A、B、C三级顾客
A级顾客
由营业代表以面对面的方式落实经营
B级顾客
由营业代表以电话联系的方式落实经营
C级顾客
以电子邮件方式一般对待经营

9-6 日本三越百货“超优良顾客”营销（二）

四、差异化服务

三越百货公司对超优良顾客的差异化服务包括以下几点。

(1)对A级顾客全程陪同选购（前提是顾客不拒绝）。

(2)设立A级顾客专用的贵宾室。

(3)提供针对A级顾客家人的附加服务。

(4)专门为A级顾客举办主题营销活动，如有品牌商品降价促销，一定会优先这些A级顾客。

(5)其他专属服务。

五、有效顾客数据系统

要推动顾客分级制经营与营销，当然要有健全的顾客数据系统的支持。三越百货公司经过多年的努力，再配合联名卡的既有信息系统，建立了一套有10万人，包括购买数据、基本个人数据、顾客家庭数据的信息系统。

六、超优良顾客营销术

1. 建立“有效顾客才是真顾客”的方针

经常性消费或大额消费的顾客才是有效顾客，也才是公司应该积极维系的真顾客。有些公司号称其会员达到几十万甚至上百万的数量，但到底有多少比例的顾客是经常消费的呢？企业应该掌握这些关键数据，否则只会迷失在华而不实的巨大幻象中。

2. 建立CRM顾客数据库

顾客数据库是落实顾客分级制与分级营销的基础，通过顾客本人、顾客家庭成员，以及顾客实际消费的记录，企业就可以整合出A级顾客的可能消费行为模式、消费特色及偏好等。

3. 营业组织必须配合变革

在顾客分层分级管理制度下，营业组织必然也要做出大变革。在专属辖区与特定对象顾客的划分下，很容易看出营业人员或贵宾服务人员的绩效，然后才能汰劣存优，培养出一批优秀的A级顾客专属服务人员。最后，也才能贯彻一对一客制化与个性化的营销目标。

差异化服务

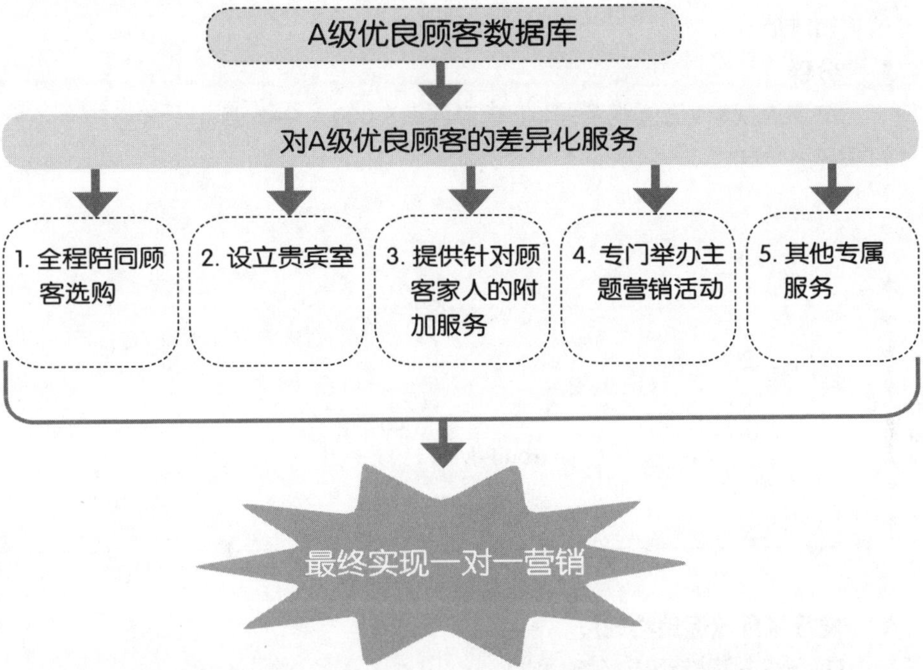

A级优良顾客数据库

对A级优良顾客的差异化服务

1. 全程陪同顾客选购

2. 设立贵宾室

3. 提供针对顾客家人的附加服务

4. 专门举办主题营销活动

5. 其他专属服务

最终实现一对一营销

超优良顾客营销术三大核心要点

超优良顾客营销术

1. 建立有效顾客才是真顾客的方针

2. 建立CRM顾客数据库

3. 营业组织必须配合改革

9-7　日本JCB信用卡顾客关系管理革新

过去JCB以人口统计变量为基础开展营销活动，变革后加入心理变量推动营销活动。

1.　分群

每年依据8种价值观及9种生活形态做5 000人分类调查，区分72个不同的顾客消费群。

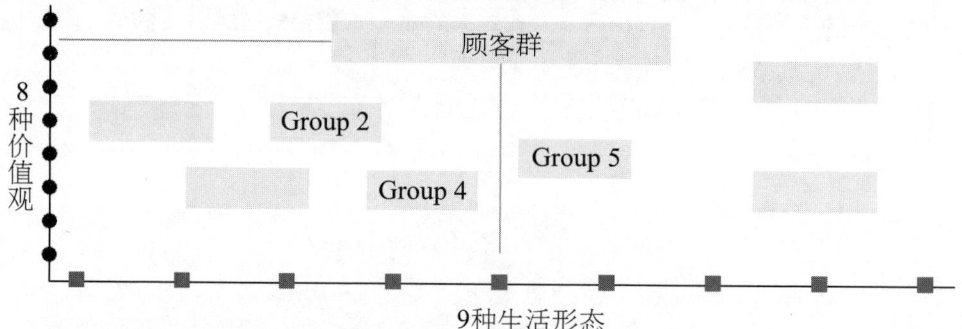

2.　发行每月《促销特刊》

(1)介绍各种特约店（折扣店）。

(2)介绍各种促销活动。

(3)各地区不同版本。

(4)各区隔顾客群不同版本。

3.　效益

信用卡刷卡额上升5%，退会（退卡）率下降20%。

4.　PDCA管理循环的工作思路

计划→实行→考核→再修正。

5.　业务革新四重点

(1)能有效掌握好顾客心理变量下的不同需求（即不同的价值观及生活形态的组合）。

(2)比较精准地预估与设定营销活动效果。

(3)彻底考核营销活动实施的结果。

(4)从顾客角度思考产品、服务及活动的必要变革与员工意识的深化。

过去：以人口统计变量为基础的营销活动

- 山口县居住
- 关注餐饮店

寄DM山口县的餐厅

- 山口县居住
- 关注服饰店

寄DM山口县的女装店

营销活动推荐店铺

- 居住在该地区内
- 使用经验

顾客数据

- 年龄
- 购买金额
- 性别
- 职业
- 居住地

变革后：加入心理变量的营销活动

- 山口年居住
- 关注餐饮店
- 注重品质

寄山口县的高级日本料理餐厅

- 山口年居住
- 关注居酒层
- 注重体验

寄福冈县有特色的居酒屋

营销活动推广店铺

- 居住在该地区内
- 今后可能用到
- 符合价值观和生活形态

顾客数据库

- 年龄、性别、居住地、职业、购买金额、消费行业
- 价值观和生活形态

9-8 日本SEIZYO药妆连锁店的顾客关系管理模式

一、两大模式的组合提升顾客关系管理效果

1. 直营店

挑选及培养较高水平的店长，他们均拥有较丰富的商品知识，较高质量的服务待客能力，能够顺畅地与顾客沟通，了解顾客的爱好、需求及价值观，以一对一的待客技能，满足顾客的购买需求。这些店长就是消费者的忠诚顾问。

2. 总公司

在总公司方面，通过80万会员购买数据库及数据挖掘，筛选出曾经多次购买过某些类别产品或是某些年龄、性别层的消费群，然后把相关数据提供给营销企划部，从而展开营销活动以推荐给消费群新产品或新服务。

二、结果分析

(1)营业额比去年增长5%。

(2)有忠诚顾客的店比没有忠诚顾客的店业绩额多出2~3倍。

(3)点数优待卡的营销奏效，有会员卡的客单价比非会员高出2倍。目前全公司使用会员卡的销售占比已达50%。

(4)针对50岁以上女性顾客寄发介绍某种女性专用产品的DM，结果约有10%的回应购买。

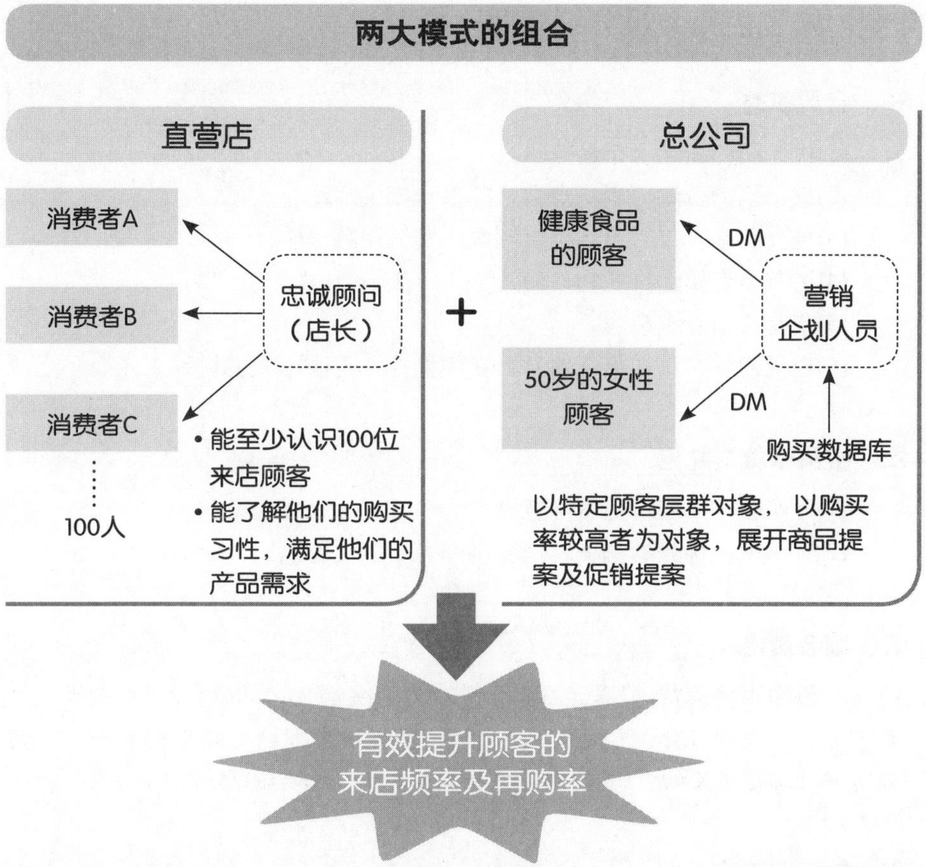

两大模式的组合

直营店

消费者A
消费者B
消费者C
⋮
100人

忠诚顾问（店长）

- 能至少认识100位来店顾客
- 能了解他们的购买习性，满足他们的产品需求

＋

总公司

健康食品的顾客
50岁的女性顾客

DM
DM

营销企划人员

购买数据库

以特定顾客层群对象，以购买率较高者为对象，展开商品提案及促销提案

有效提升顾客的来店频率及再购率

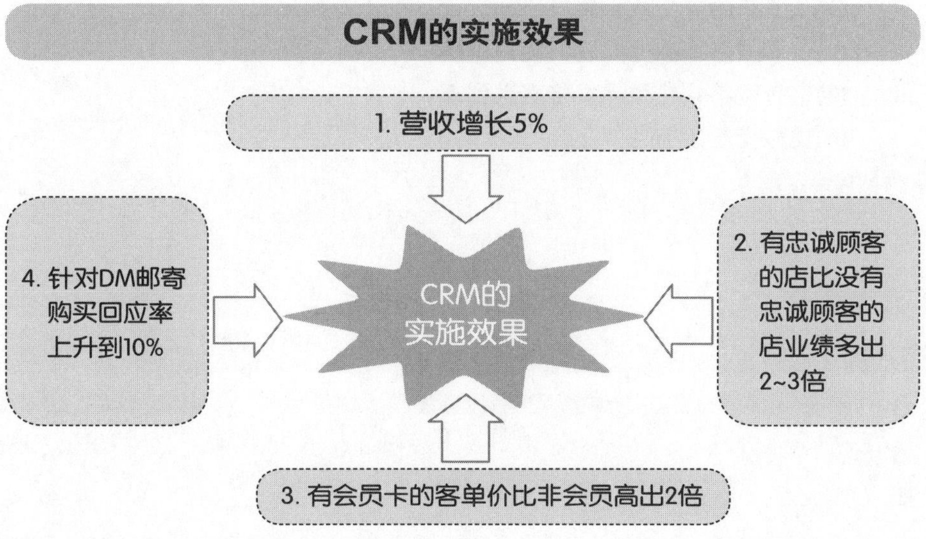

CRM的实施效果

1. 营收增长5%

2. 有忠诚顾客的店比没有忠诚顾客的店业绩多出2~3倍

3. 有会员卡的客单价比非会员高出2倍

4. 针对DM邮寄购买回应率上升到10%

CRM的实施效果

9-9 法国兰蔻会员分级经营

一、会员权益

(1)优先获知新品上市最信息。

(2)每一笔消费均可累积点数，并参与相关活动。

(3)凭会员卡，每月可到柜台领取免费试用品一份。

(4)可获得专属生日礼物一份。

(5)享有会员专属杂志。

(6)登录网站，获知最新信息，在线兑礼、更改个人资料等。

二、会员卡尊贵礼遇

(1)升级会员卡获得更多优惠。

(2)升级礼、优先参加美容保养讲座等更多优惠。

三、续会资格

会籍内累计消费满XX元（不含首次入会金额），即续会XX卡一年。会籍内累计消费满XX元（不含首次入会金额），即续会更高级别卡一年。会籍内累计消费满XX元（不含首次入会金额），即续会最高级别卡一年。

四、钻石卡独享

(1)免费获赠完美贴心旅行活动。

(2)每季限量礼品提前五天优先兑换。

(3)享有整年兑礼赠品直接寄送到家。

(4)优先受邀参加品牌盛会。

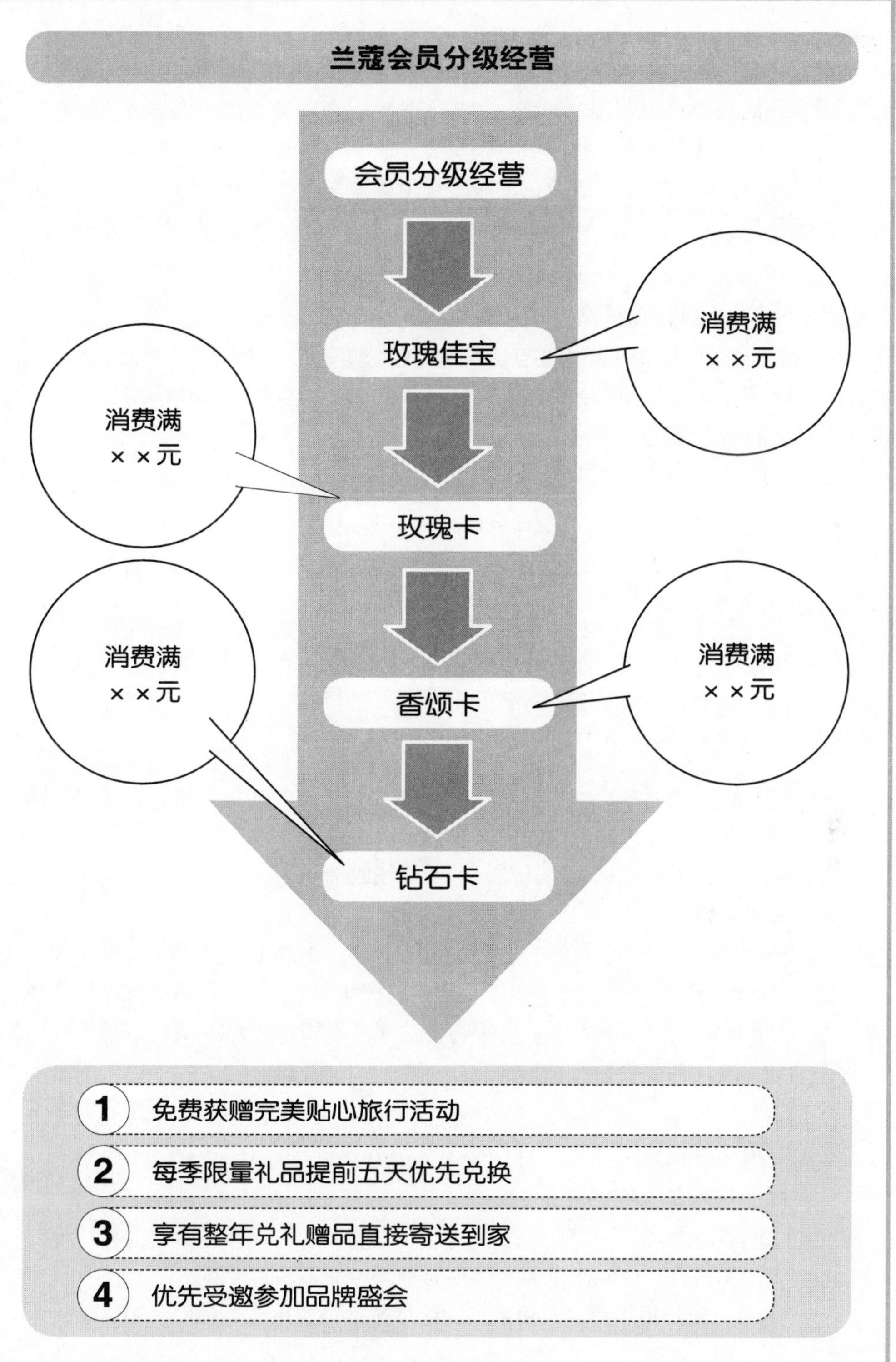
兰蔻会员分级经营
会员分级经营
玫瑰佳宝
消费满
× ×元
消费满
× ×元
玫瑰卡
消费满
× ×元
香颂卡
消费满
× ×元
钻石卡
1 免费获赠完美贴心旅行活动
2 每季限量礼品提前五天优先兑换
3 享有整年兑礼赠品直接寄送到家
4 优先受邀参加品牌盛会

9-10 美国联合航空公司的顾客忠诚优惠计划

Mileage Plus里程酬宾计划，任何人都可以免费成为该计划会员。成为会员后，只要搭乘联合航空、星空联盟或其他航空联盟的航班，甚至在与联合航空有异业结盟的公司消费，都能累积里程换取免费机票或升舱优惠，并在各项服务上享受优惠。Mileage Plus被视为最成功的顾客忠诚度计划之一。

一、Mileage Plus的结盟对象

此计划成功的最大原因在于优异的策略联盟能力。联盟伙伴分为如下九类。

(1)星空联盟，全球最大规模的航空策略联盟，联合航空为创始成员之一。

(2)区域性航空业者。

(3)饭店业者，入住即可累积里程。

(4)租车业者。

(5)旅程规划业者。

(6)金融业者，例如与VISA发行联名卡。

(7)电信业者，用户亦可依照消费金额累积里程数。

(8)餐饮业者。

(9)网络联盟营销网站。

二、Mileage Plus尊荣会员计划

1. 提供各项奖励措施激励忠实顾客持续消费

包括里程累积更优惠的升舱，消费折扣回馈等。

2. 顾客分群

依照每年累积的里程数来分群。Premier：一年内付费搭乘累积25 000英里；Premier Executive：一年内付费搭乘累积50 000英里，会员资格可持续14个月；Premier Executive 1K：一年内付费搭乘累积100 000英里，会员资格可持续14个月，其他会员优惠。

三、善用顾客信息

(1)重视顾客数据库建立。

(2)挖掘顾客数据，通过缜密的分析，加强对金字塔顶端顾客的持续追踪与经营。据统计，这5.2%的顾客为联合航空带来22%的收益。

(3)导入新应用工具，善用新兴的网络技术与应用工具辅助营销活动。

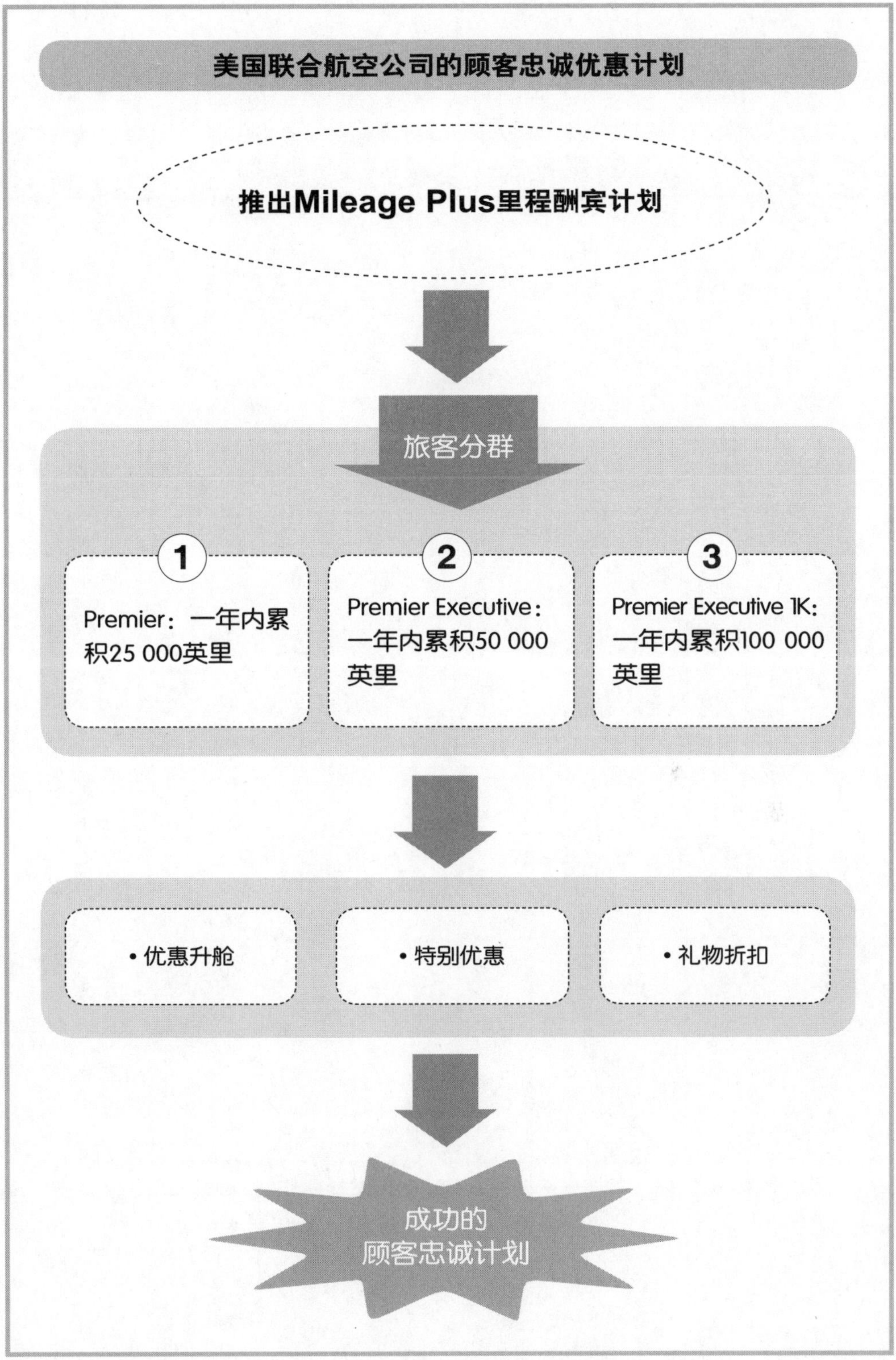

美国联合航空公司的顾客忠诚优惠计划

推出Mileage Plus里程酬宾计划

旅客分群

1

Premier：一年内累积25 000英里

2

Premier Executive：一年内累积50 000英里

3

Premier Executive 1K：一年内累积100 000英里

• 优惠升舱

• 特别优惠

• 礼物折扣

成功的
顾客忠诚计划

第 10 章

大数据的发展

10-1 大数据的特性与功能

大数据（Big Data）在2010年由IBM提出。

一、大数据的特性

(1)大：数量巨大。

(2)杂：种类繁杂。

(3)快：变化飞快。

(4)疑：真伪存疑。

二、数据大爆炸

事实上，数据从古到今一直存在，关键在于如何分析，并从中提炼出有价值的决策。例如，将下雨的气象数据汇整起来，就能形成有价值的天气预测。只是过去的数据量不大，必须慢慢收集。进入互联网和移动互联网时代，每个人都可以网购、上传或下载数据，于是我们进入数据大爆炸的时代。

大数据当然不仅仅在于数据本身，其真正的意义在于将数据转化为资本，通过萃取、分析，创造商业策略。

三、大数据的功能

(1)可以精准营销。

(2)可以降低成本。

(3)可以提升效率。

(4)可以增强效能。

(5)可以提升获利。

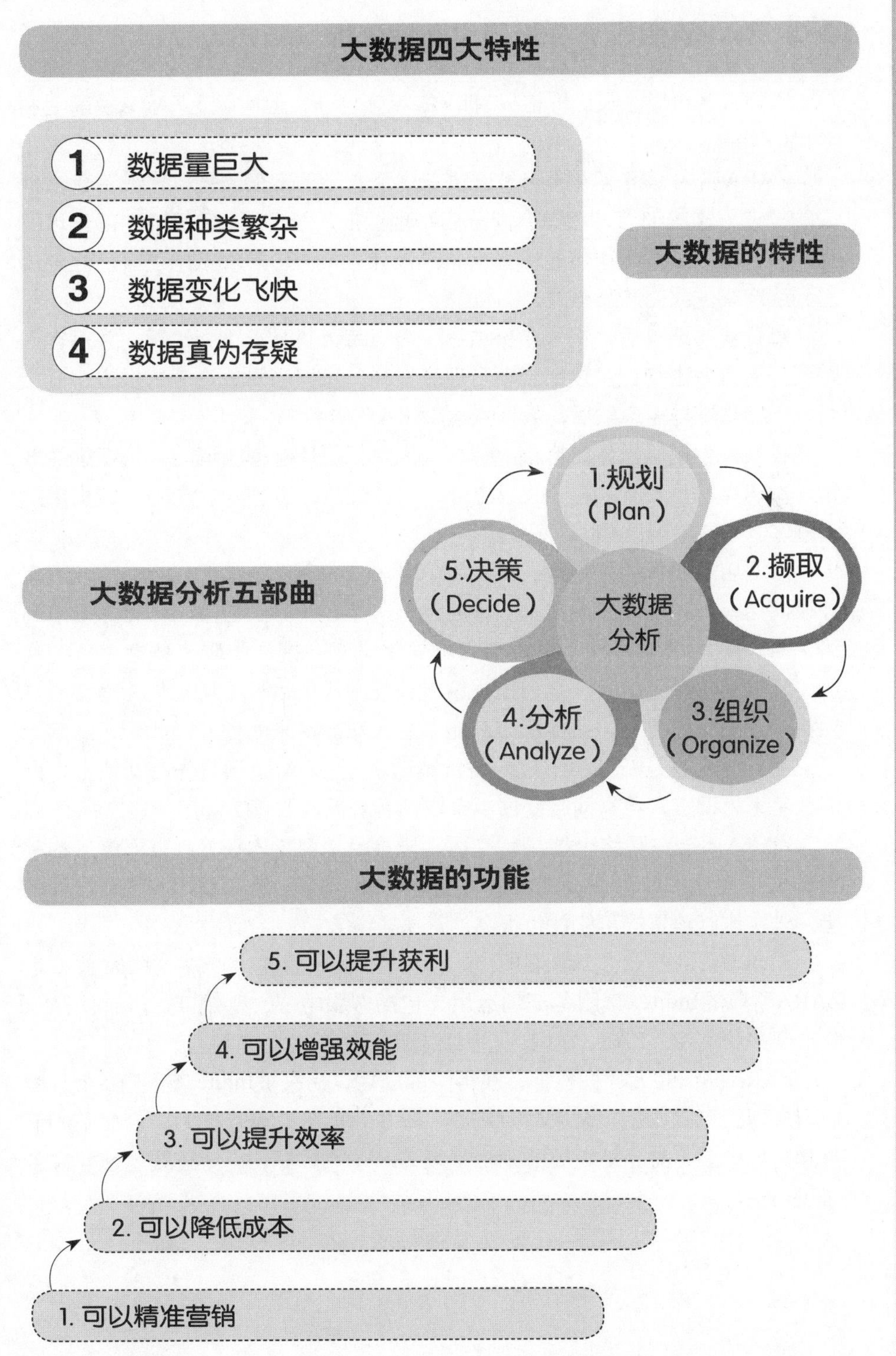
大数据四大特性
1 数据量巨大
2 数据种类繁杂
3 数据变化飞快
4 数据真伪存疑
大数据的特性
1.规划 （Plan）
2.撷取 （Acquire）
3.组织 （Organize）
4.分析 （Analyze）
5.决策 （Decide）
大数据分析
大数据分析五部曲
大数据的功能
5. 可以提升获利
4. 可以增强效能
3. 可以提升效率
2. 可以降低成本
1. 可以精准营销

10-2 ZARA服饰充分运用大数据分析

ZARA平均每件服饰价格只有LV的四分之一，但实际上ZARA税前毛利率比LV要高。

ZARA店内，当客人向店员反映“这个衣领图案很漂亮”“我不喜欢口袋的拉链”这些细节，店员会向分店经理汇报，经理通过ZARA内部全球信息网络，每天至少两次传递信息给总部设计人员，由总部做出决策后立刻传送到生产线，改变产品样式。

每日营业结束后，销售人员结账、盘点每天货品上下架情况，并对客人购买与退货做出统计，再结合柜台现金资料，做出当日成交分析报告，分析当日产品热销排名，然后，数据直达ZARA仓储系统。

收集大数据做出生产销售决策，大大降低了库存率。同时，根据这些数据，ZARA分析出相似的“区域流行”，在颜色、版型的生产中，做出最贴近顾客需求的市场区隔。

以网店为实体店的前测指标，2010年秋， ZARA一口气在6个欧洲国家开设网店，增加了网络大数据的串联性。次年，又分别在美国、日本推出网络平台，除了增加营收，在线商店更强化了双向搜寻引擎、数据分析的功能。不仅回收意见给生产端，让决策者精准地找出目标市场，也为消费者提供更准确的时尚信息，买卖双方都能享受大数据带来的益处。此外，网店除了交易行为，也是新产品上市前的营销试金石。ZARA通常先在网络上举办消费者意见调查，再从网络反馈中撷取顾客意见，改善实际出货的产品。

ZARA还会在网络上搜寻时尚达人以提供信息，ZARA对服饰信息的掌握和催生潮流的能力因而增强。并且，在用上抢先得知ZARA信息的消费者，进实体店消费的可能性也很高。

ZARA获取的这些珍贵的顾客资料，除了应用在生产端，同时被整个ZARA所属的Inditex集团各部门运用，包括客服中心、营销部、设计团队、生产线和渠道等。ZARA根据这些大数据完成内部的垂直整合。

ZARA推行的大数据整合，获得空前成功，后来被Inditex集团下8个品牌学习应用。可以预见，未来的时尚圈，除了台面上的设计能力，台面下的信息和数据大战，将是更重要的隐形战场。有了大数据，企业还要迅速回应、修正与执行。

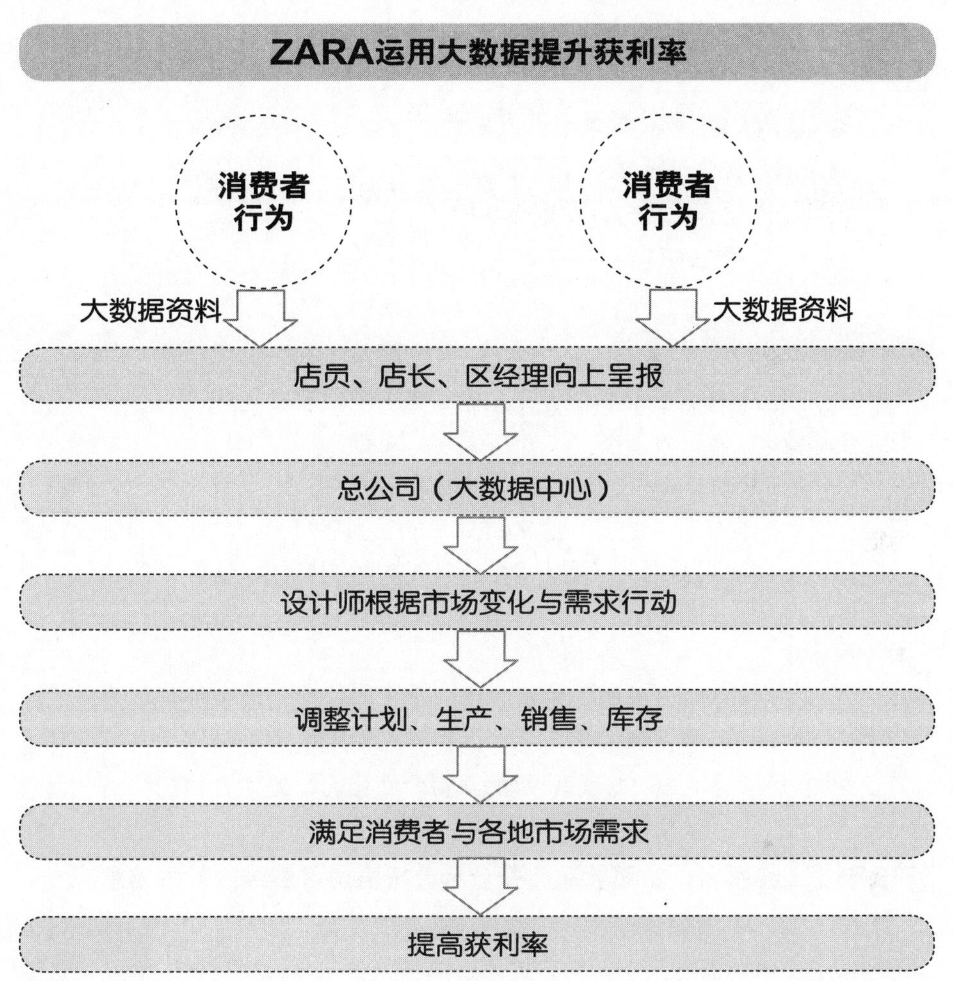

TIPS H&M与ZARA

H&M一直想跟上ZARA的脚步，积极利用大数据改善产品，但却成效不彰，这是为什么？主要的原因是，大数据最重要的功能是缩短时间，让生产端能够依照顾客意见于第一时间迅速修正产品。但是，H&M内部的管理流程却无法支撑庞大的数据。H&M的供应链中，从打版到出货，需要3个月左右的时间，完全不能与ZARA的两周时间相比。H&M不像ZARA，后者设计生产近半在西班牙国内，而H&M产地分散于亚洲、美洲各地，跨国沟通拉长了生产时间， 如此一来，大数据即使当天反映了各区顾客意见，产品也无法立即改善。信息和生产分离的结果，让H&M内部的大数据系统功效受到限制。大数据运营成功的关键是信息系统必须能与决策流程紧密结合，迅速对消费者的需求做出回应，修正产品，并且立刻执行。

10-3 大数据的机会与挑战

一、麦肯锡关于大数据的三大关键议题

(1)在消费者购买决策全程设计互动体验。

(2)持续优化分析平台，挖掘大数据。

(3)持续进行技术创新及流程创新。

二、如何吸引消费者参与

在使用情境中设计多样的互动体验，吸引消费者参与。

1. 金融业

Merill Edge的Face Retirement应用程序，根据斯坦福大学“若人们看见自己年老时的样子，会更加乐意为退休后的生活做打算”的研究而制成，通过脸部识别让使用者看到自己从50岁到100岁时的模样，从而令其兴起为退休后的生活存钱的打算。

2. 美妆业

日本推出的VOGUE模拟化妆应用程序，能让使用者下载并用自己的照片中试用Clinique等品牌的化妆品，通过脸部识别技术与模拟效果，让顾客“亲身试用”各种品牌的产品，从而获得个性化的服务。

三、善用工具平台，快速收集、整合与分析消费者多维度行为信息

(1)掌握市场发展脉动，消费者行为趋势，例如，追踪使用者的搜索记录及在线或实体店面的消费行为，或通过热搜，推出与时事呼应的商品，创造消费需求。

(2)整合渠道、客服中心及营销等面对消费者的部门数据，勾勒出消费者购买决策全貌及影响决策的关键要素。

(3)察觉并满足消费者独特的需求。

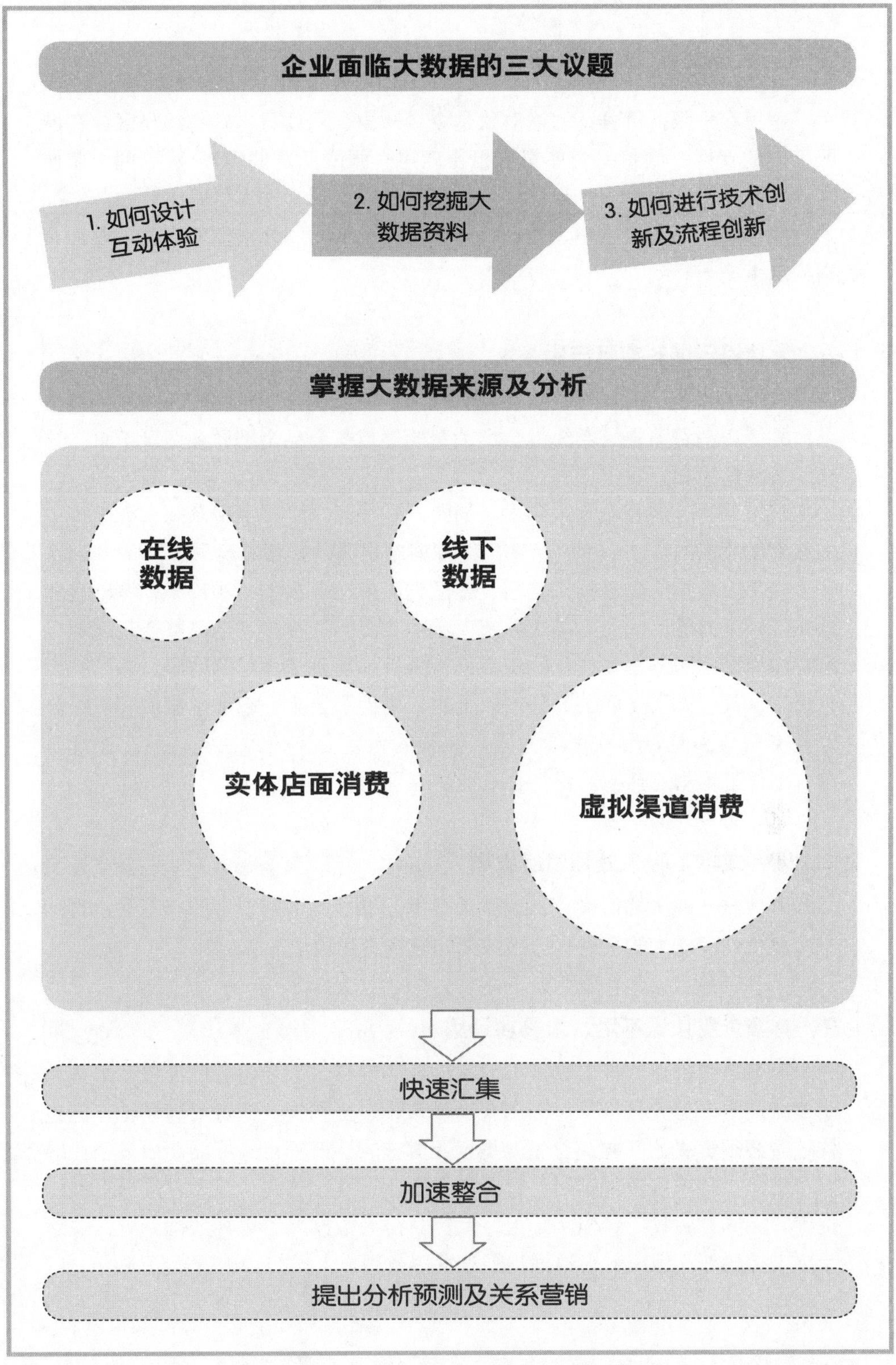

企业面临大数据的三大议题

1. 如何设计互动体验
2. 如何挖掘大数据资料
3. 如何进行技术创新及流程创新

掌握大数据来源及分析

在线数据

线下数据

实体店面消费

虚拟渠道消费

快速汇集

加速整合

提出分析预测及关系营销

10-4 日本企业从大数据中发掘新商机

这里有一张折价券，寄送对象是今年32岁、家住日本东京练马区、在港区工作的女性。她每月会在影音租售店租一张欧美歌曲CD，每周到全家便利商店购买两次甜食——现在的营销，已经能把目标顾客群锁定到如此精准的程度。其背后的机制是，由Culture Convenience Club（CCC）公司发行共同集点卡——T卡。

一、大数据已展开实际应用

T卡的会员已有数千万之众，会员只要在日本全家便利商店等97家与T卡合作的商店消费集点，系统就会把消费的地点与商品全都详细记录下来。这样的大数据犹如一座宝山。

CCC认为，就算顾客未到本店消费，一样能得知其消费倾向，因此可望提高营销的精准度。如今，营销已经渐渐出现典范转移的现象了。

应用大数据的先进国家美国，还把它活用在政治上。2012年，奥巴马阵营花了18个月的时间，把前次总统大选中收集到的支持者名单整合起来，再配合社交网络服务等多样化的资料进行分析，得到了详尽的结果。在“拥有休旅车、最近购买了西装的50岁以上白人男性”当中，起居室摆放《圣经》的人支持共和党，喜欢用现代画当装饰的人则会支持民主党。后来在选举中，他们就运用这样的发现，有效地掌握了支持者的心。

二、硬件成本下降，处理速度大增

硬件储存成本的低廉化，也使大数据能够被巨细靡遗地储存下来。再加上计算机处理能力的精进，分析数据的速度变得更快。

三、有些企业认识不足，未善加运用

很多企业都希望借着大数据的潮流抓住商机，因为过去IT投资多半是为了缩减成本，但大数据却可以用来增加营收。虽然大数据带来高期待，但也伴随着必须解决的问题，首先就是企业对它的认识不足。例如，很多企业导入了工具，却未能善加运用。也有许多企业过度相信它，以为它是马上就能提供答案的“魔杖”。但实际上，就算获得大数据，不重视数据分析，缺乏予以支持的部门组织，大数据也很难发挥效用。

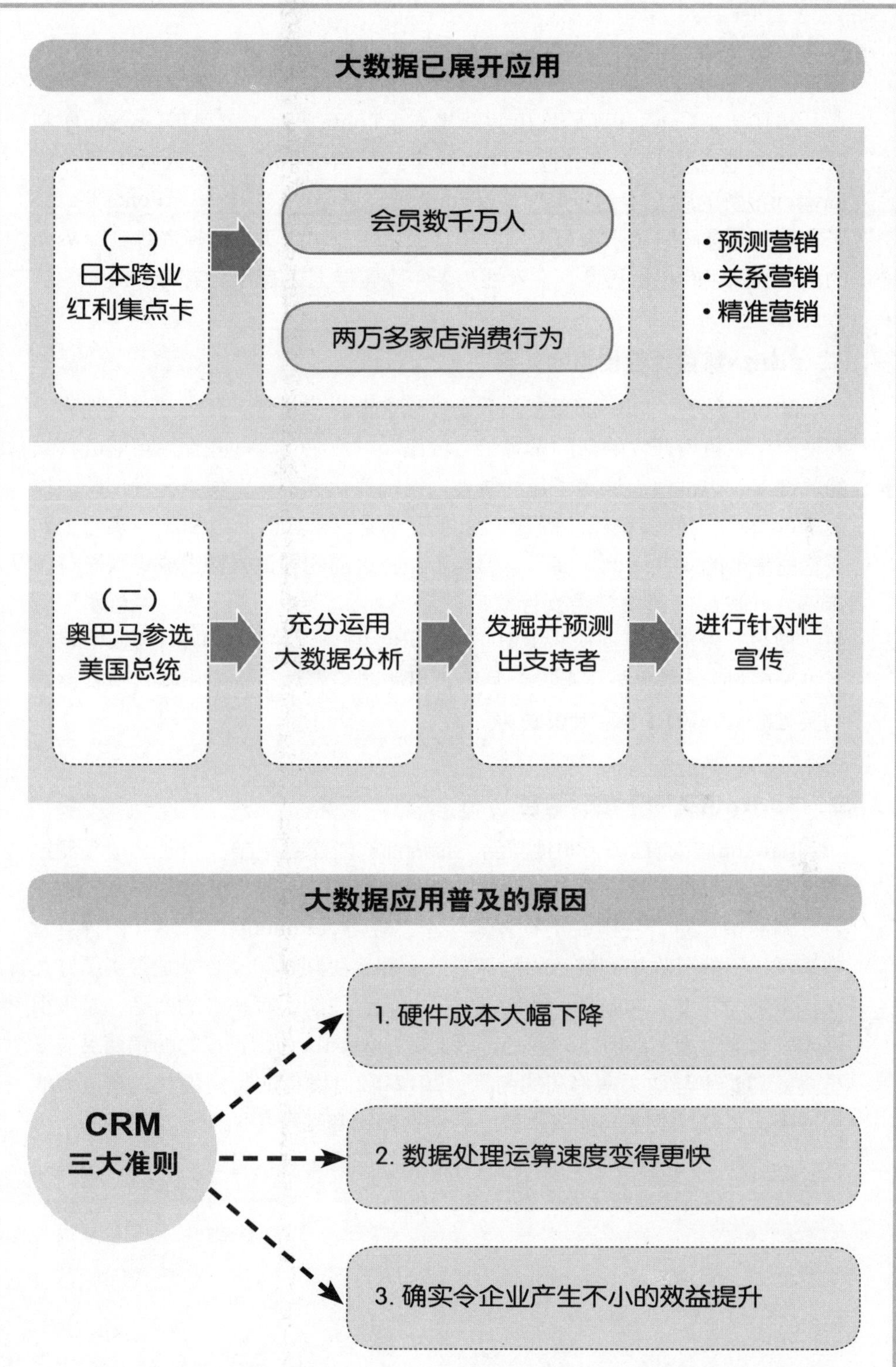
大数据已展开应用
（一）
日本跨业
红利集点卡
会员数千万人
两万多家店消费行为
·预测营销
·关系营销
·精准营销
（二）
奥巴马参选
美国总统
充分运用
大数据分析
发掘并预测
出支持者
进行针对性
宣传
大数据应用普及的原因
CRM
三大准则
1. 硬件成本大幅下降
2. 数据处理运算速度变得更快
3. 确实令企业产生不小的效益提升

10-5 日本便利店Lawson应用大数据

2010年，Lawson开始推出共同集点卡Ponta，除了可用于Lawson便利店，在其他合作商家消费也一样能够集点。目前Ponta会员人数千万，到Lawson消费的顾客中约有45%是Ponta会员。只要在收银台出示Ponta卡，除了集点，也会同时显示会员性别、年龄、居住地和购买商品等资料。Lawson的消费群以年轻男性居多，在女性与老年顾客群上还有开发空间。

一、Ponta抓住女性便当的关键词

2010年秋天，Lawson希望扩大女性顾客群，于是着手开发“受女性喜爱的便当”。负责开发的部门设想了“健康”“蔬菜”等一些女性可能会喜欢的关键字，也试做、试卖了几种便当，但销售状况不好。便当开发部门去找分析Ponta数据的营销部门商量，分析后发现，和其他便当相比，实际上购买这些便当的女性比例变高了，因此不能将之前的尝试直接当成失败看待。接着，开发部门又发现受女性欢迎的商品都和“辣”“汤类”“色彩”有关。便当开发部门根据这些关键字重新开发便当，并更换包装，在2011年3月推出6种便当，结果开卖一个月后，男性购买人数与先前相同，但女性的购买人数急增为1.5倍，大获成功。

二、Ponta也有助于预测销售

Lawson店内有约3 000种商品，每周都有新商品上架。店长必须预测销售情况，判断进货量，避免出现缺货或库存过多，但这是极为困难的工作。

预测销售时，关键在于重复购买率。在导入Ponta前，POS（销售点管理）系统固然可收集到商品的购买数量，却无法判断同一个人是否买了好几次。重复购买率高的商品，购买量不一定高；但购买频率高的商品，是吸引固定顾客群时绝不能断货的商品。因此，Lawson认为，真正的畅销商品应该是重复购买率与购买率都高的商品。2012年2月发售的起司蛋糕，在上架的第一天，重复购买率与购买率就比另一款畅销商品草莓瑞士卷要来得高，因此可以确知“这个一定卖”。隔天，营销部门马上建议各分店增加进货量，结果紧紧抓住了热潮，6天内就狂卖了100万个。

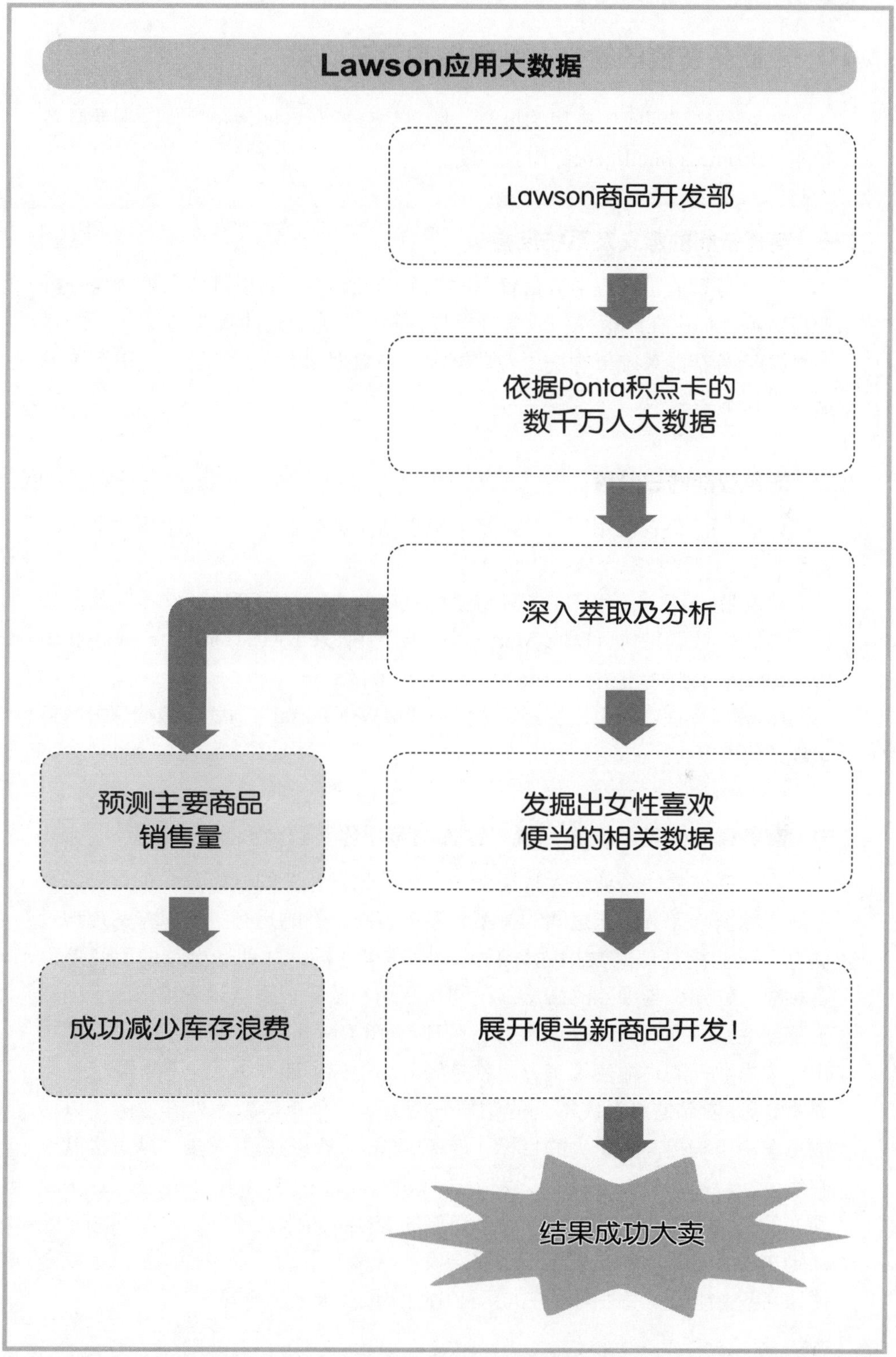

Lawson应用大数据

Lawson商品开发部

依据Ponta积点卡的
数千万人大数据

深入萃取及分析

预测主要商品
销售量

成功减少库存浪费

发掘出女性喜欢
便当的相关数据

展开便当新商品开发！

结果成功大卖

10-6 商务智能的意义、系统架构及三阶段

数据经整理而成为有用的信息，信息经分析而淬炼为智慧。以下就商务智能（Business Intelligence, BI）说明。

一、商务智能的意义及系统架构

(1)商务智能是IT业中数据管理的一个领域，主要是以IT技术整合与分析业务数据，提供在线报表、业务分析与预测，以供企业决策所需。

(2)商务智能系统架构是由各数据源汇整数据到产出“智慧”，BI系统采用诸多技术与架构。

二、商务智能的三阶段

(1)数据汇整：使用ETL工具将来源数据库资料筛选，汇入ODS数据库，再经整理，累积数据仓库（Data Warehouse）中。

(2)数据分析：使用ETL工具将数据仓库的资料萃取而出，储存于基于分析而建构的数据集市（Data Mart）中，然后再以OLAP（On Line Analytical Processing）或数据挖掘（Data Mining）技术做分析。

(3)数据呈现：以报表工具导出报表或以Web Portal等方式将数据分析结果呈现给使用者。

三、商务智能的发展概述，从“过去的可视化”到“预测未来”

在探究“为什么现在大数据受到众人的瞩目？”的真相时，企业有必要了解大数据与商务智能之间的关系。商务智能，指的是有组织、有系统地对储存于企业内外部的数据进行汇集、整理与分析，并创造出有助于商务上各种决策的知识与观点的概念、机制与活动。商务智能是1989年任职于美国国际研究暨顾问机构Gartner的分析师Howard Dresner提出的概念。当年他指出，应由数据的终端使用者，也就是经营高层或一般商务人士等，亲自经手原本100%依靠信息系统部门的销售分析、客户分析等数据处理业务，以达成迅速决策与提高生产力的目标。商务智能迄今以分析并报告“从过去到现在发生了什么事？”“为什么发生这件事？”为主要目的，也就是“过去及现在的可视化”。不过，现今商务环境的变化令人眼花缭乱，对今后的企业活动来说，更重要的是“接下来将会发生什么事”的“未来预测”。也就是说，商务智能正由过去与现在的可视化朝向预测未来的方向进化。

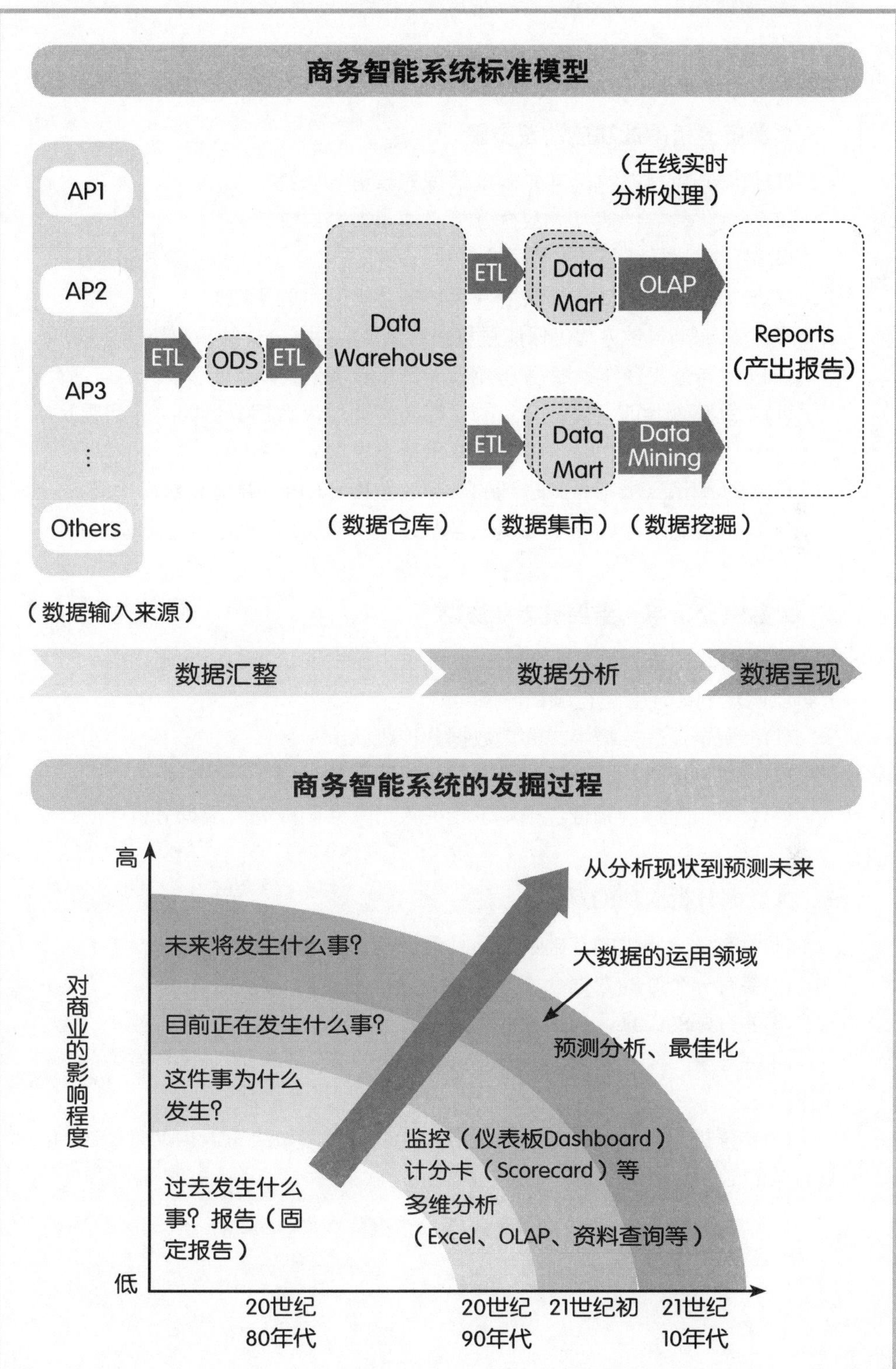

商务智能系统标准模型
AP1
AP2
AP3
Others
（数据输入来源）
ETL
ODS
ETL
Data Warehouse
（数据仓库）
ETL
Data Mart
OLAP
（在线实时分析处理）
ETL
Data Mart
Data Mining
（数据集市）
（数据挖掘）
Reports（产出报告）
数据汇整
数据分析
数据呈现
商务智能系统的发掘过程
高
低
对商业的影响程度
从分析现状到预测未来
未来将发生什么事？
目前正在发生什么事？
这件事为什么发生？
过去发生什么事？报告（固定报告）
大数据的运用领域
预测分析、最佳化
监控（仪表板Dashboard）计分卡（Scorecard）等
多维分析（Excel、OLAP、资料查询等）
20世纪80年代
20世纪90年代
21世纪初
21世纪10年代

10-7 企业如何启动成功的大数据分析

一、大数据分析的成功启动及步骤

(1)确保分析得以执行（先确定数据的数量与质量）。

(2)最大化领导价值（大数据分析必须获得高层支持）。

(3)最佳化领导路径（大数据分析执行团队与各子公司间的合作需顺畅）。

(4)增加顾客保留率与忠诚度（大数据分析的目的所在）。

(5)用数据与科学方法确保能重复持续达成目标（分析结果要持续有效）。

所以，与企业合作大数据分析时，都会依序完成以下步骤。

(1)先做概念验证（确定企业的目标与想通过大数据分析解决的问题）。

(2)首阶段小规模试做（随客户需求量身定做）。

(3)指标测试（依据希望达到的实际效益设计KPI，并检验是否达成）。

(4)策略系统顾问（效果好成为长期伙伴，持续协助企业应用大数据获利）。

二、大数据分析第一步要有专业协助

踏出大数据分析第一步要小心，针对企业发展阶段，应有不同的大数据分析团队规划，才会运行顺畅。

(1)小型企业适合集中式的大数据分析团队。

(2)中型企业适合分散式的大数据分析团队。

(3)大型企业适合集合各子单位相关人员，共同成立大数据分析中心。

三、大数据分析成功的条件

(1)要有量大质优的基础数据，且最好是实时性数据。

(2)要有一个好的数据仓库。

(3)要有好的工具，包括软件和硬件。

(4)关键是要有一个数据分析负责人，负责带领分析团队执行有效的分析工作。

(5)要分析出对获利有帮助的观点，帮助经营者做决策或帮助营销部门规划有效的活动。

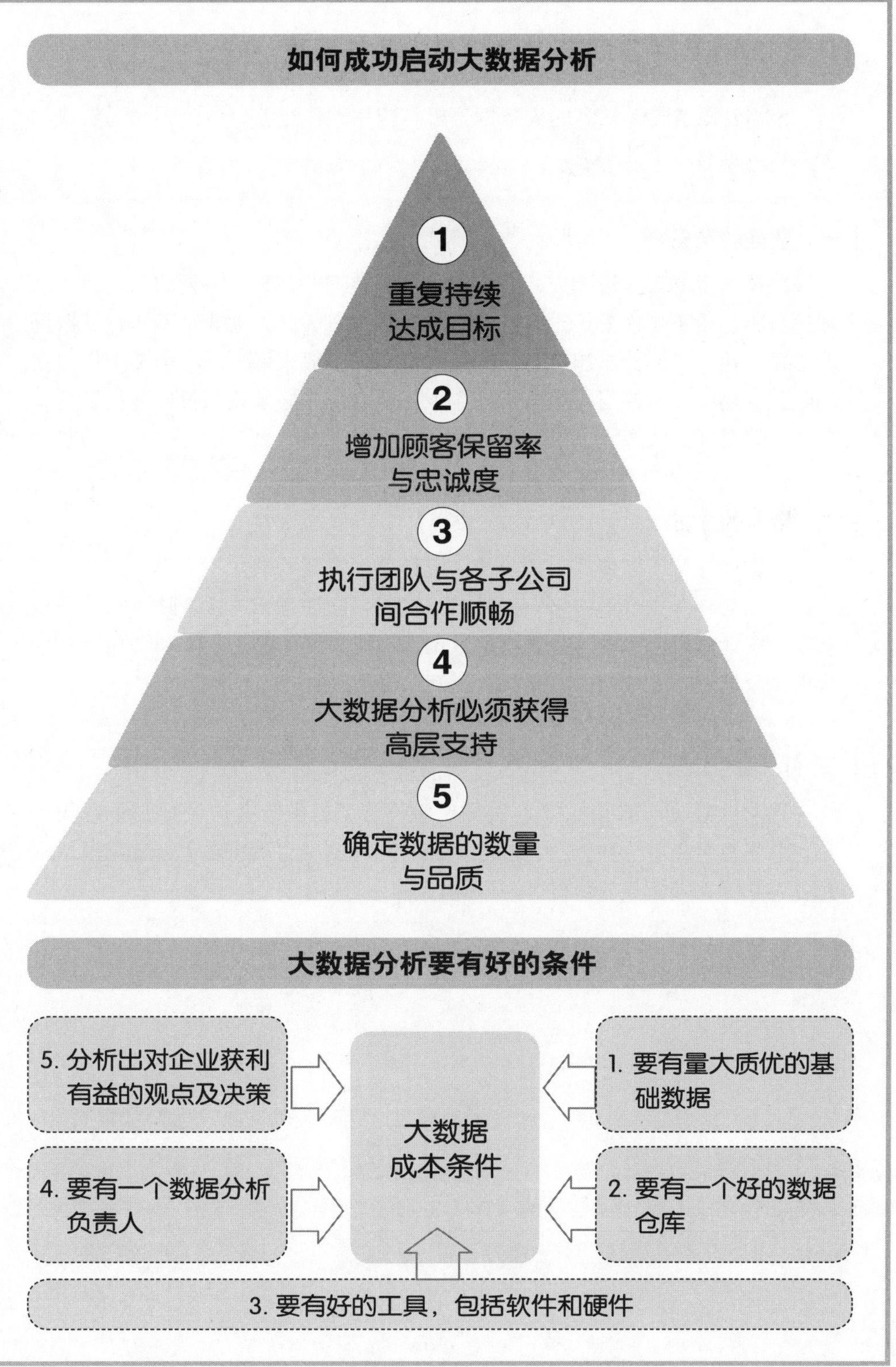
如何成功启动大数据分析
1
重复持续
达成目标
2
增加顾客保留率
与忠诚度
3
执行团队与各子公司
间合作顺畅
4
大数据分析必须获得
高层支持
5
确定数据的数量
与品质
大数据分析要有好的条件
5. 分析出对企业获利
有益的观点及决策
4. 要有一个数据分析
负责人
大数据
成本条件
1. 要有量大质优的基
础数据
2. 要有一个好的数据
仓库
3. 要有好的工具，包括软件和硬件

10-8 SAS软件公司导入大数据成功三要素

SAS公司是国际知名的大数据分析与应用软件企业，该公司认为要成功导入大数据有三个关键点。

一、数据的准备

数据准备的工作没完成，或数据收集与整理不完整，都无法顺利运作大数据分析，更不用说分析出有意义的关联数据。因此，欲速则不达，从数据的准备开始一直到分析出有意义的关联信息，一般来说，平均需要半年左右的时间。建议有意愿导入大数据的企业不要着急，必须按部就班地扎稳基本功才能获得好的成效。

二、专业的人才

大数据分析所需要的人才与传统统计分析需要的人才不一样，因此，建议各企业对外寻找或对内培育大数据人才时，应注意相关人才除了需具备最基本的统计分析能力外，更须具备数据管理能力。也因此，SAS公司特别培育自家全球近万名统计、信息科学、商业管理三合一人才。

三、正确的工具

选对大数据工具很重要，例如，SAS为了提供给客户最好的服务与产品，几乎每半年就更新一个新版本产品，并深信唯有不断进化与进步以及强化各类功能，才能长久获得客户青睐。

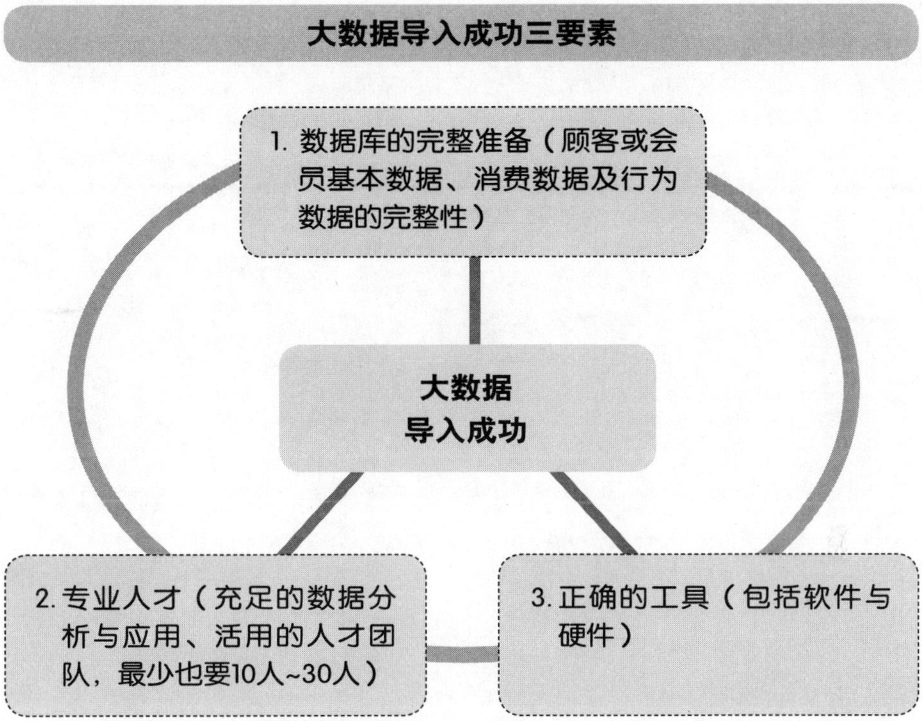

大数据导入成功三要素
1. 数据库的完整准备（顾客或会员基本数据、消费数据及行为数据的完整性）
大数据
导入成功
2. 专业人才（充足的数据分析与应用、活用的人才团队，最少也要10人~30人）
3. 正确的工具（包括软件与硬件）

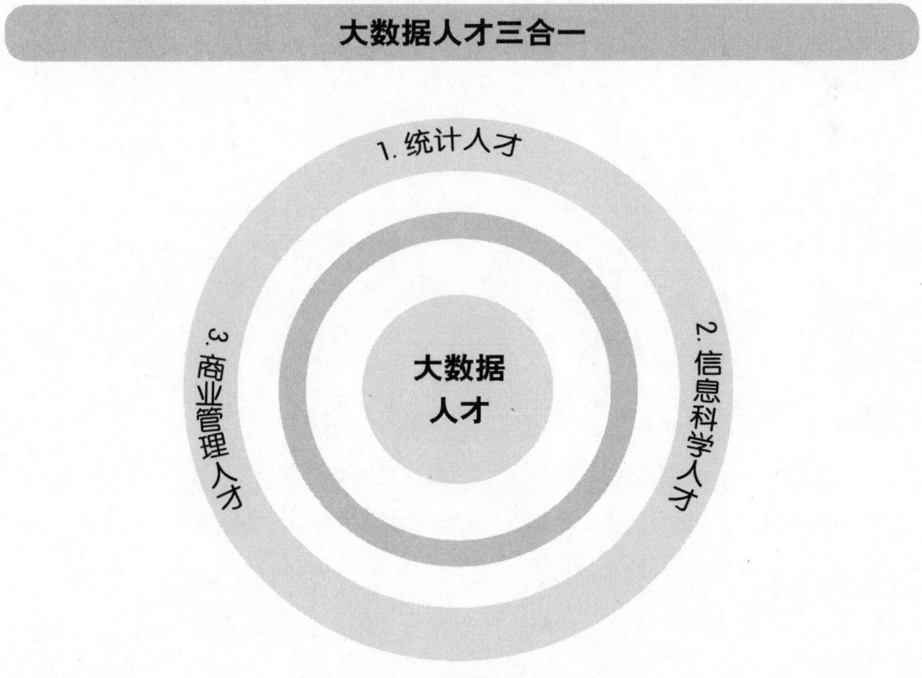

大数据人才三合一
1. 统计人才
2. 信息科学人才
3. 商业管理人才
大数据
人才

第 11 章

大数据与顾客关系管理的推动

11-1 大数据简介

一、商业活动依赖于对数据的处理

商业数据量的大量增长，要求更为先进的数据处理技术与平台。

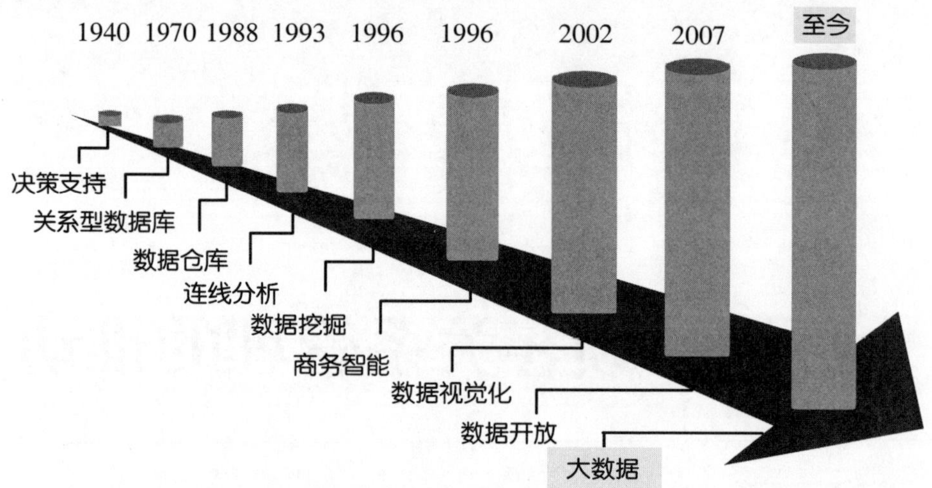

二、数据挖掘技术是大数据方案中的基础、关键环节

1. 定义与特征

(1)定义：数据挖掘（Data Mining）就是从存放在数据库、数据仓库或其他信息库中的大量数据中获取有效的、新颖的、潜在有用的、最终可理解的数据。

(2)特征：处理大数据；解释企业运作的内在规律；为企业运作提供决策分析，并为企业带来巨大经济效益。

2. 数据挖掘技术与商业决策

数据	知识	决策
• 规模庞大的 • 杂乱无章的 • 有缺失的 • 有异常的	• 关系 • 规律 • 趋势	• 顾客及市场划分 • 顾客维系 • 产品促销 • 收支计划 • 产品设计 • 风险控制

三、数据挖掘举例：聚类分析

1. 什么是聚类分析

(1)思想：按照“物以类聚”的思想，利用数据挖掘的方法，将事物聚集成组内差异尽可能小、组间差异尽可能大的几个小组。

(2)用途：将顾客或监管物件自动聚集成具有明显不同特征的群体，从而使决策人员和商务人员能够尽可能做到精细化营销和科学化管理。企业应从复杂的商业数据中提炼共同特质，制订针对性的管理及营运策略。

2. 聚类分析演示

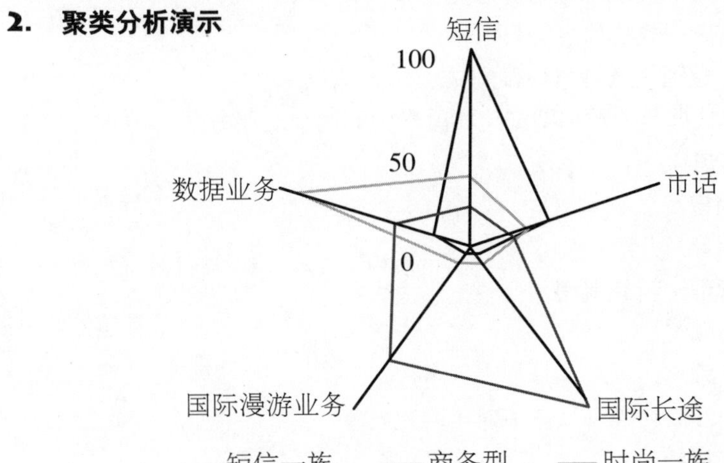

将通信顾客自动聚成“短信一族”“商务型”和“时尚一族”三个具有不同特征的群体。生动展示不同类型商业因素分布情况。针对不同商业顾客群体制订针对性策略。

四、商业需求和海量数据累积催生对大数据技术的需求

资料驱动商业发展路线图

数据挖掘

商务智能

- 一系列以事实为支持、辅助商业决策的技术和方法
- 在线分析：透视性探测
- 数据挖掘：挖出金矿性开采
- 商务智能：预测性分析

数据视觉化

- 用图形来表达数据和思想
- 数据整合、分析、挖掘

数据开放

- 开源运动：自由、平等、协作、责任、乐趣
- 从软件开源到数据开放

五、大数据将持续提升商业价值：个性化营销与顾客关系管理

1. 大数据应用方向——个性化

(1)使用者信息饥饿感与日俱增。

(2)使用者对非关联信息的容忍度与日俱减。

(3)使用者感兴趣的信息与日俱增。

(4)使用者甄别信息能力与日俱减。

个性化与数据是大数据精细化和融聚力的两个发展方向。

2. 个性化营销

(1)交叉销售。

(2)向上销售／升级销售。

(3)囤货管理＋新品促销。

(4)吸引新顾客。

(5)保留老顾客。

(6)品牌／商家转换（从竞争对手转化）。

(7)提升销售额。

(8)提升总利润。

(9)精准定位目标顾客。

(10)一度价格歧视。

3. 个性化营销主要特点

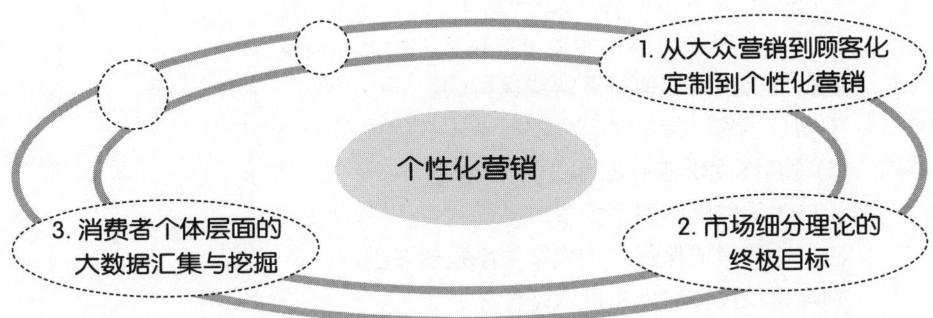

4. 个性化营销与顾客关系管理系统

(1)个性化营销是基于对CRM数据库进行模型搭建以及数据分析的更高层次营销解决方案。

(2)大多数的CRM系统缺乏对大数据的处理与分析。

(3)个性化营销是基于对数据库的分析与营销模型的一整套解决方案，包括：关联分析；价格敏感度分析；促销敏感度分析；顾客忠诚度分析；顾客购买行为分析；数据挖掘等。

六、大数据时代的顾客资产管理理论专注于顾客终生价值

1. 顾客资产管理理论

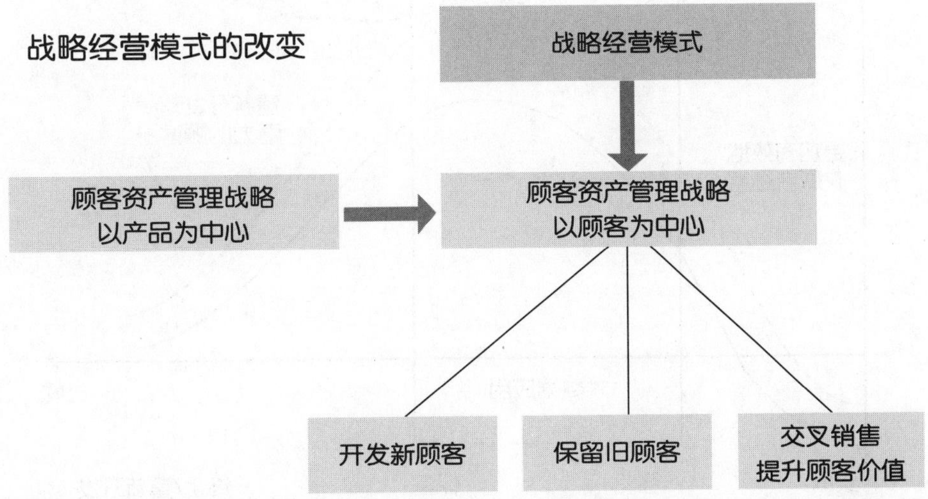

2. 为什么需要分析顾客终生价值

(1)所有的顾客都是上帝吗?

顾客的价值和成本并不是平均的。

(2)建立顾客关系需要考虑每位顾客的价值和成本吗?

要评估哪些顾客值得获得或保留的。

对每位顾客，要评估花费多少成本获得或保留是合适的。

(3)顾客终生价值能告诉我们什么?

应该为哪些顾客关系投资。

应该为获得或保每一个顾客关系投资多少。

顾客关系投资的未来价值是什么。

(4)稳定、优质顾客为企业带来稳定、长远的回报。

七、顾客终生价值定义及发展阶段

1. 顾客终生价值定义

(1)顾客终生价值（Customer Lifetime Value, CLV）即从一名顾客身上所得到的其生命周期中全部销售额减去企业用来获取该名顾客和销售与服务于该名顾客所花费的总成本的净额。

(2)CLV是企业将从该名顾客身上得到的未来所有现金的净值。

2. 顾客终生价值发展阶段

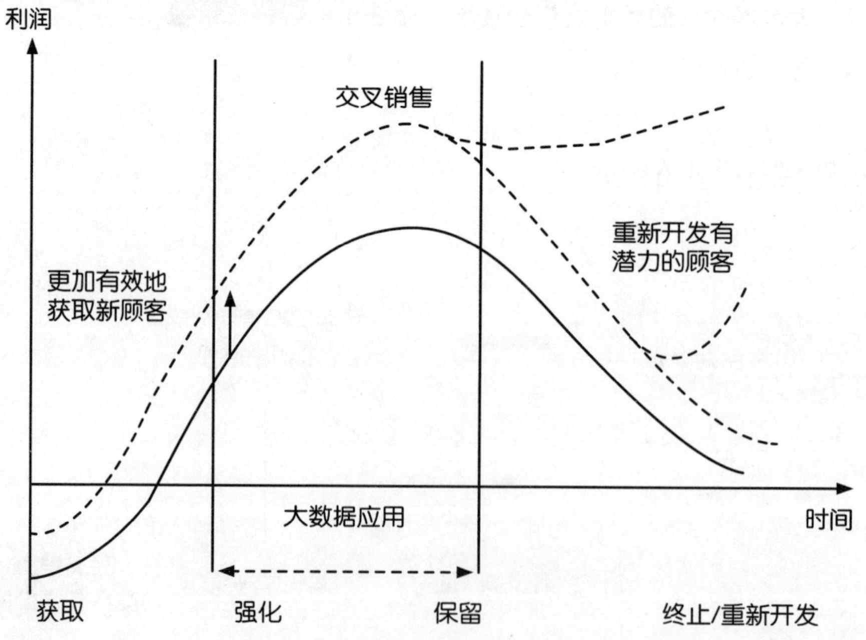

八、借助大数据方案企业可以设计优质顾客保留计划并实施

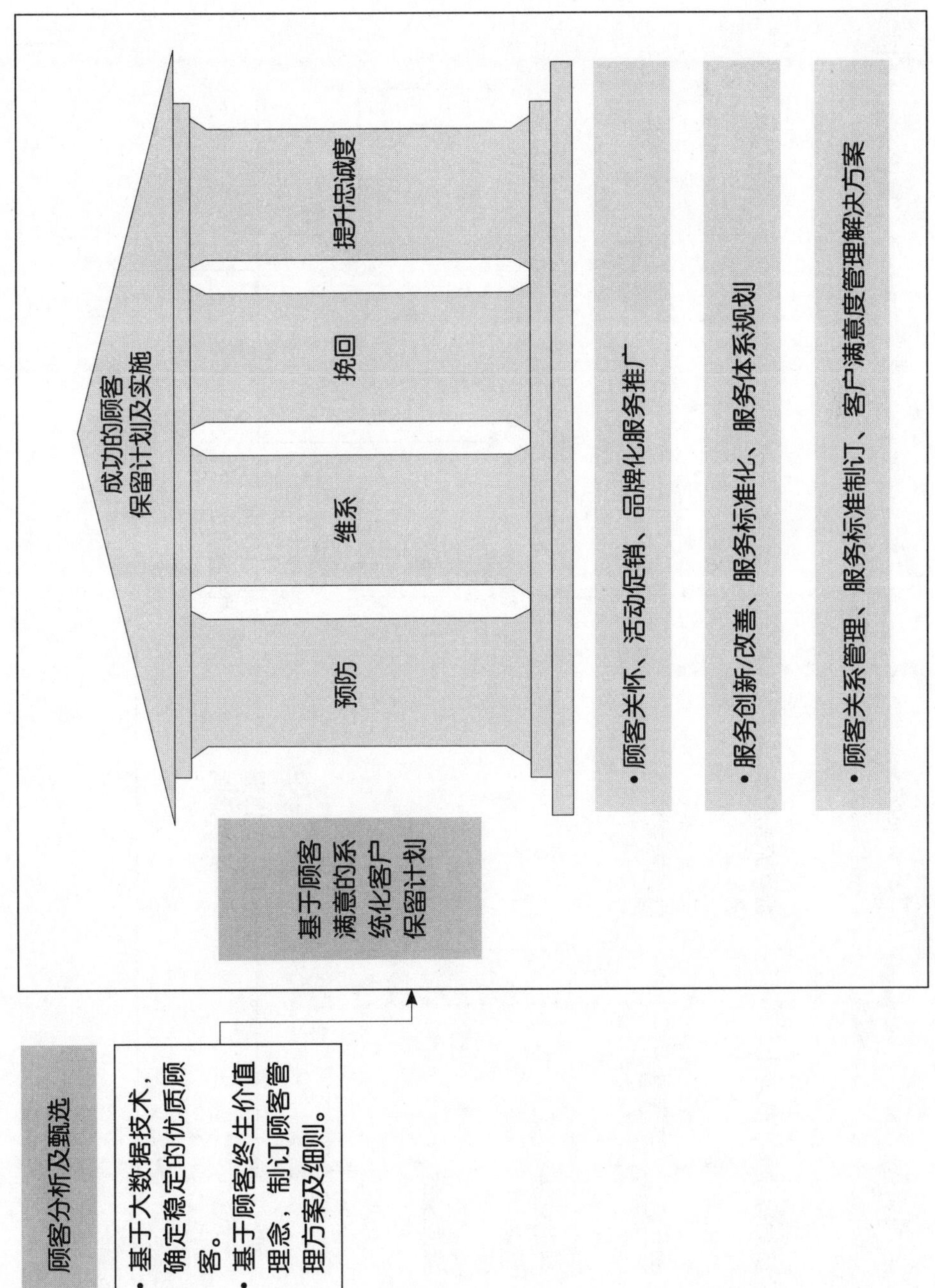

九、基于大数据方案的顾客保留计划流程

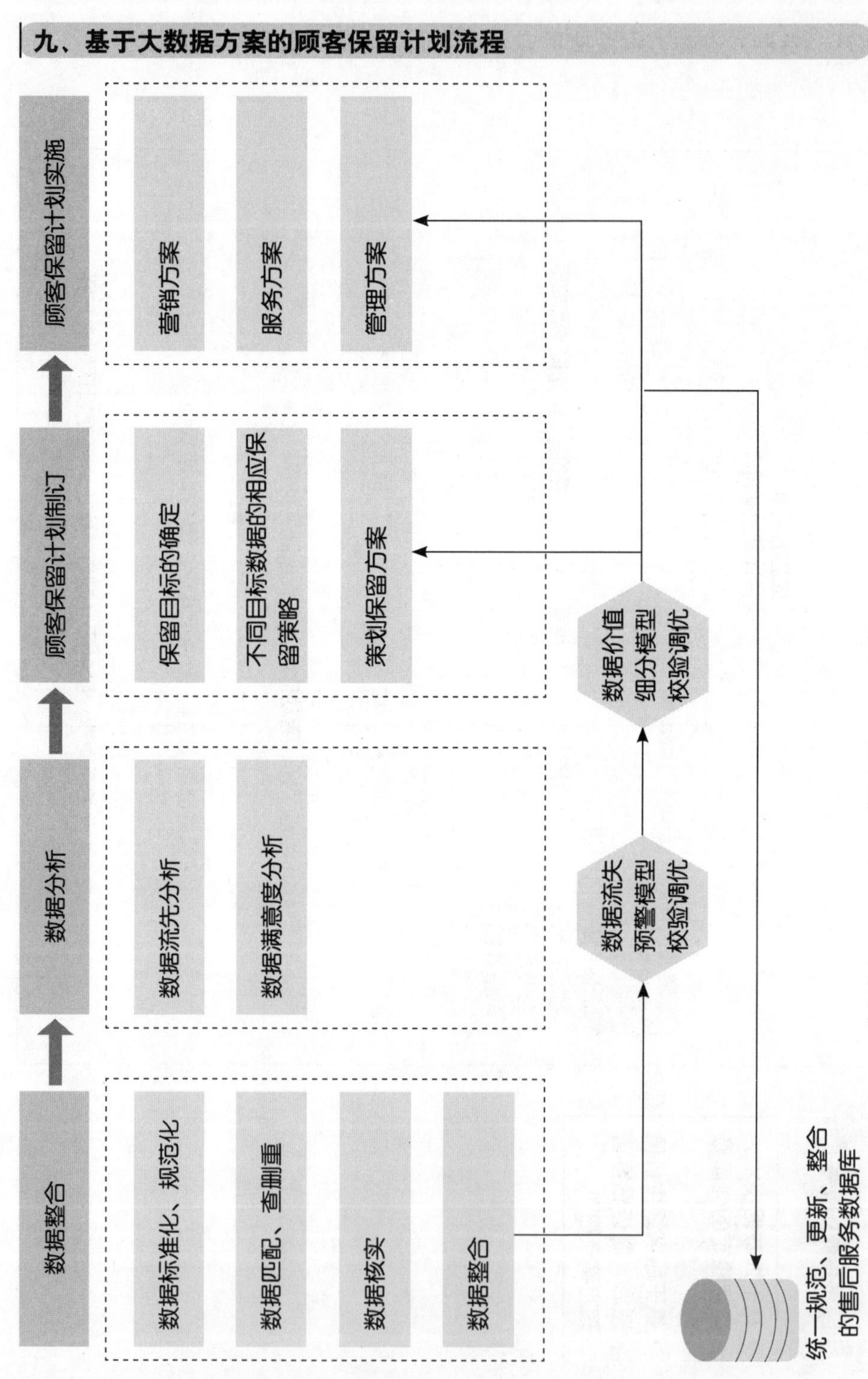

十、基于大数据的数据整合方案

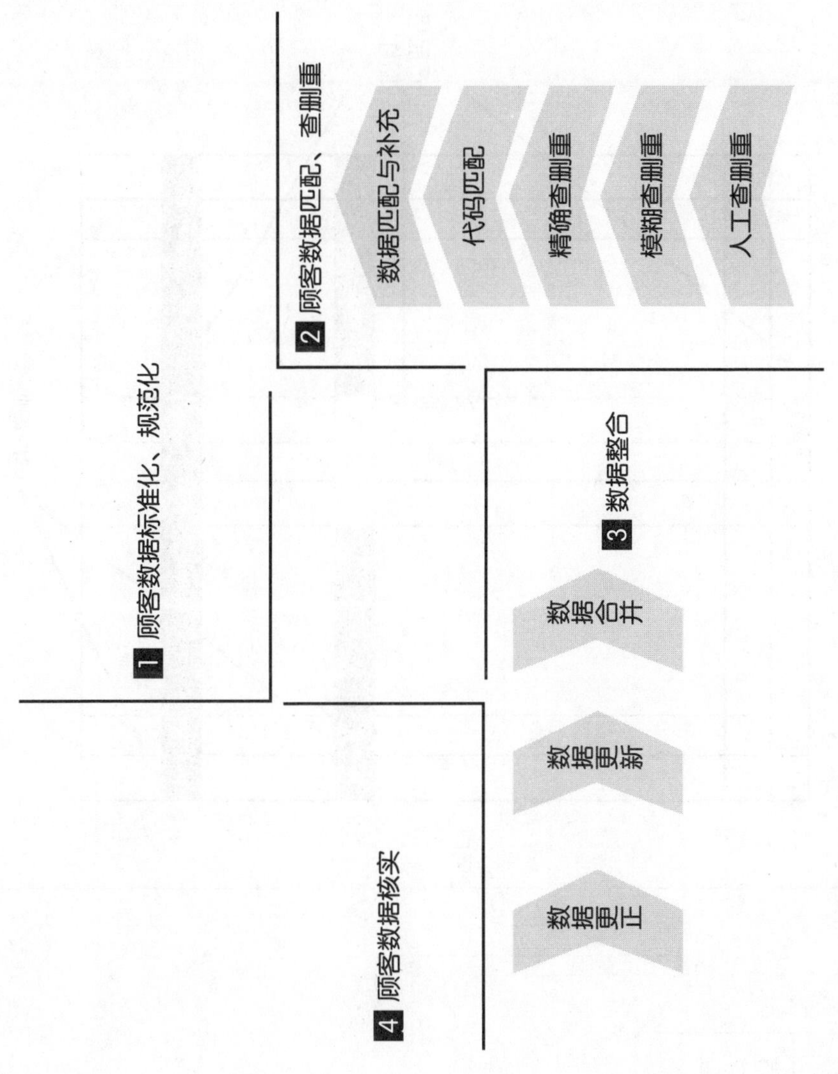

十一、大数据方案：采用协同过滤法，分析顾客数据

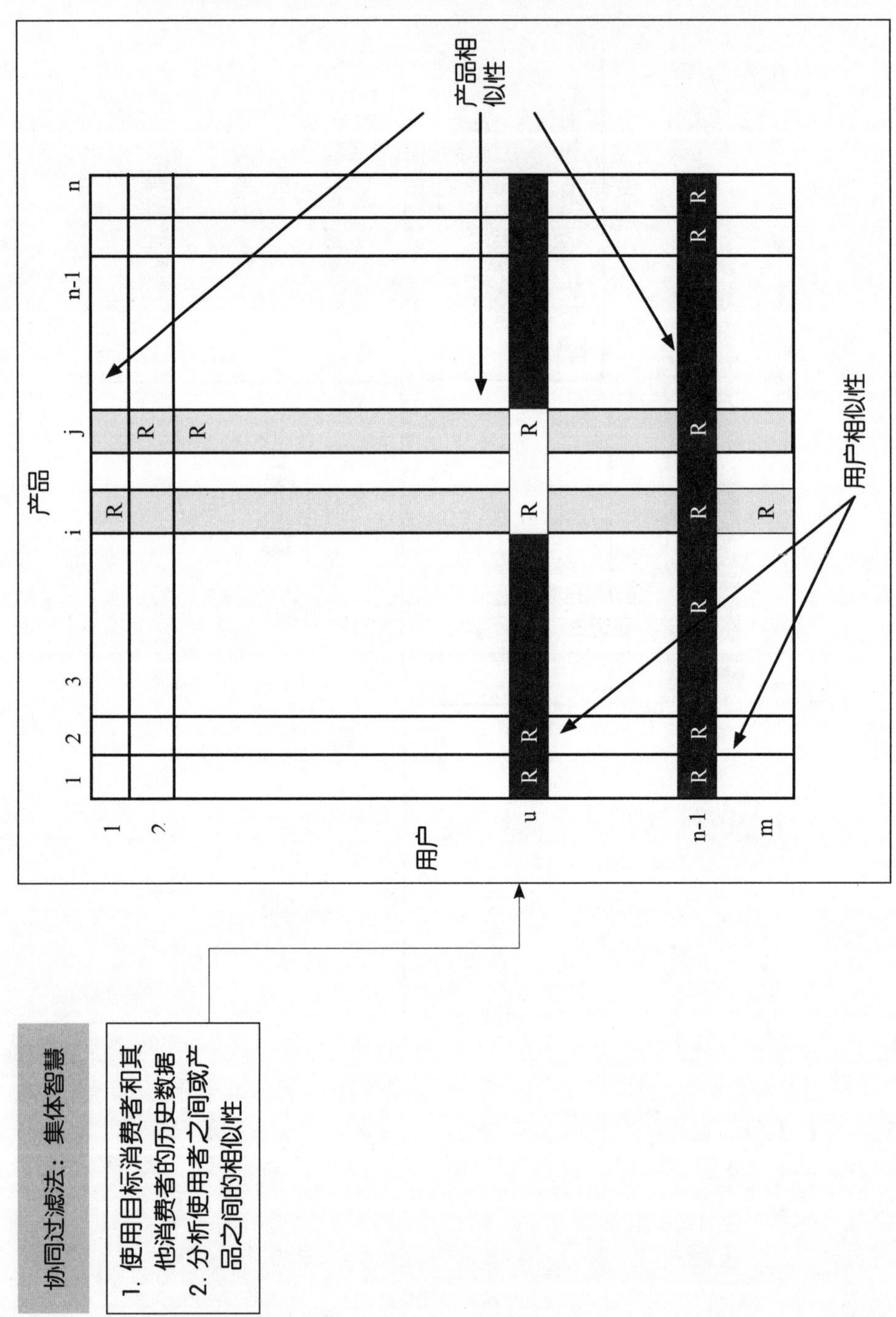

十二、大数据时代行业发展的三大趋势

大数据方案

(一) 应用软件将泛互联网化

泛互联网化是收集数据的重要通道，没有泛互联网化的应用软件，企业难以获得用户的行为数据。

企业泛互联网化的速度理想吗?

(二) 行业将垂直整合

1. 通过收集大量的用户数据，更贴近用户，更理解用户，为其提供更适用的服务。
2. 越靠近终端使用者的企业，在产业链上将拥有更大的发言权。
3. 以数据为核心的生态圈。

企业能有效应用用户数据吗?
企业的营销策略是以数据为主导吗?

(三) 数据资源化

1. 大数据在企业和社会层面成为重要的战略资源。
2. 数据成为新的战略制高点，是大家抢夺的新焦点。
3. 大数据将不断成为机构的资产、成为提升机构和企业竞争力的有力武器。

企业在未来业务发展路线上，怎样可以获得更多数据资源?
企业是否利用开放平台增加数据资源?

11-2 大数据应用案例

一、通过大数据分析获得潜在顾客

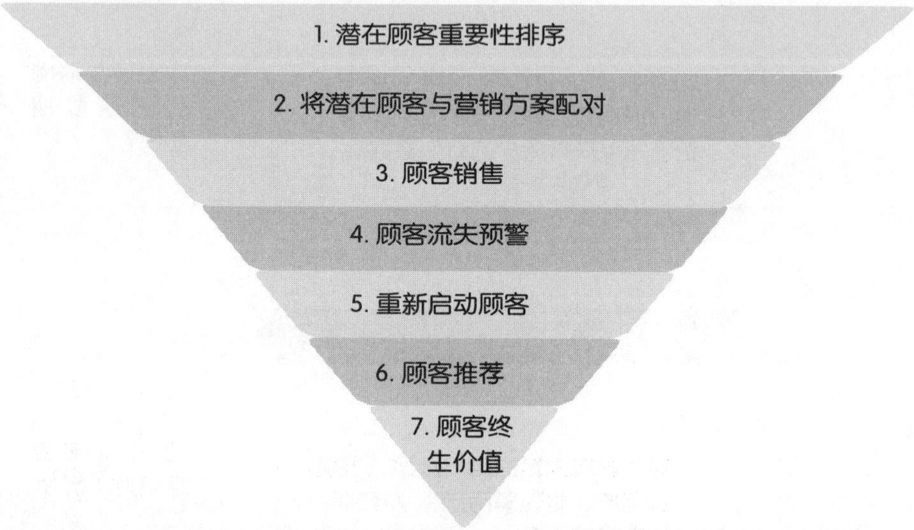

1. 潜在顾客重要性排序
2. 将潜在顾客与营销方案配对
3. 顾客销售
4. 顾客流失预警
5. 重新启动顾客
6. 顾客推荐
7. 顾客终生价值

顾客

全球最大的科技公司之一，通过DM商品广告、电子邮件和电话服务中心销售软件和服务给中小企业

挑战

通过营销活动收集来的潜在顾客名单，由电话业务员评估并销售，销售机制复杂且需要不同的销售周期，业务增长停滞

之前	我们做了什么	之前
营销经理制订年度电话营销活动策略。 1. 电话业务员被分配到潜在顾客名单，自行挑选联系对象并决定联系频率。 2. 电话业务员通常只会打电话给名单上<5%的潜在顾客，且大部分是近期曾有消费的顾客。	利用大数据分析预测顾客购买概率与顾客终生价值。 • 将潜在顾客分级，并建议接触点路径顺序安排。 • 将分析后的名单与业务员的名单比对，除去已在业务员名单上的潜在顾客，产生一份全新不重复的新名单，每年额外提供数百名高价值潜在顾客。 • 所有业务行为都通过分析系统追踪。	• 大数据分析挑选出来的新名单比业务员挑选的名单要有效3倍，促成收入高出2倍。

二、大数据分析通过网络获取潜在顾客

顾客

快速成长的在线保险中介。
通过电话服务中心为不同保险公司销售。
产品包括汽车险、人寿险、房屋险。

挑战

顾客获取成本很高。
从搜索引擎获得的潜在顾客名单不足。
过于依赖潜在顾客。
需以高价购买潜在顾客名单但质量优劣混杂。

之前

- 宽松的供货商挑选标准。
- 基础的销售电话法则。
- 无法分辨名单上的顾客实际可能的购买率。
- 没有顾客区隔和顾客价值预测。

我们做了什么

- 清理与标准化供货商的潜在顾客数据。
- 用大数据分析预测顾客购买概率与价值。
- 实时分辨顾客优劣并决定接触点路径。
- 依不同要素的重要性制订潜在顾客价值的决策准则。

之后

- 增加潜在顾客价值约 50%。
- 更有能力选择潜在顾客。
- 与供货商议价时更有凭据。
- 不断优化提升顾客价值并预测效能。

11-3 某企业会员经营规划

一、会员忠诚计划

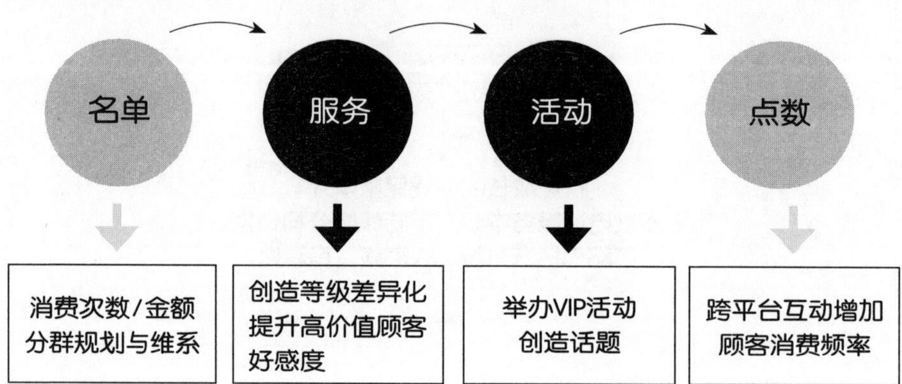

二、会员经营规划的重点与目的

(1)通过会员分级制度创造差异化：各等级会员设计差异化服务，以增加会员忠诚度，同时提升消费次数及营业额，激励会员等级提升。

(2)创造“白金会员”话题营销：找出高价值的“白金会员”，提供差异化的服务及活动，通过媒体宣传、口碑营销形成话题，让更多会员渴望成为“白金会员”。

(3)提升会员绩效：锁定重点顾客群，包括忠诚会员、一般会员，以及停滞会员，规划各项会员等级提升方案，以引导会员消费，培养消费习惯，提升各项目宣传与效益。

(4)结合“〇〇卡”提升发展更多忠诚会员：内部忠诚名单建模后，再利用会员“〇〇卡”外在消费数据、交易情况，掌握会员偏好，由忠诚会员扩大发展到一年内有消费的会员，再扩大到停滞会员，规划各类方案，以刺激引导消费， 增加频率及营业额，逐步往忠诚顾客计划发展。

三、会员分级制度说明

评估区间：每月20号由系统自动计算前推6个月的消费金额及次数，符合白金条件者即于计算月次月自动升等，并进行顾客贴标作业。

3月	4月	5月	6月	7月	8月	9/20 计算日	10/1 升等日

9月20日（9/20）计算前6个月（3月~8月）消费金额及次数←

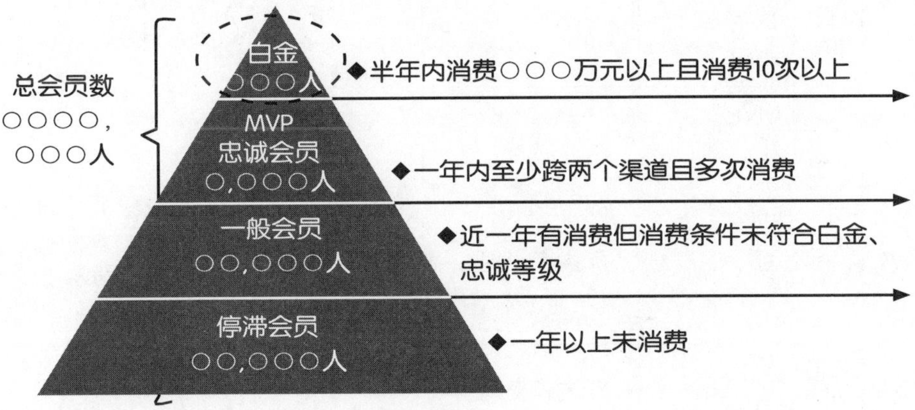

四、会员分级定义说明

项次	会员名称		会员人数	分级定义		客户贴标作业
				条件	营业额/毛利/次数参考	
1	白金			半年消费○○○万元以上且消费10次以上		1. 白金贴标 2. 营业额/交易次数 3. 每月自动更新 4. 负毛利会员
2	忠诚会员	美保		一年内至少跨两个渠道且多次消费		1. MVP贴标 2. 营业额/交易次数 3. 升级白金营业额/交易数差距

续表

<table>
<tr><th rowspan="2">项次</th><th rowspan="2" colspan="2">会员名称</th><th rowspan="2">会员人数</th><th colspan="2">分级定义</th><th rowspan="2">客户贴标作业</th></tr>
<tr><th>条件</th><th>营业额/毛利/次数参考</th></tr>
<tr><td rowspan="5">2</td><td rowspan="5">忠诚会员</td><td>纺品</td><td></td><td></td><td></td><td rowspan="5">4. 大分类属性
5. 每月自动更新
6. 负毛利会员</td></tr>
<tr><td>生活</td><td></td><td></td><td></td></tr>
<tr><td>3C</td><td></td><td></td><td></td></tr>
<tr><td>珠宝精品</td><td></td><td></td><td></td></tr>
<tr><td>MVP小计</td><td></td><td></td><td></td></tr>
<tr><td>3</td><td colspan="2">一般会员</td><td></td><td colspan="2">一年内有交易</td><td>1. 客户贴标
2. 营业额/交易次数
3. 每月自动更新
4. 负毛利会员</td></tr>
<tr><td>4</td><td colspan="2">年度交易会员（1–3）</td><td></td><td colspan="2">一年内有交易</td><td></td></tr>
<tr><td>5</td><td colspan="2">冬眠会员</td><td></td><td colspan="2">两年内有交易</td><td>1. 客户贴标
2. 营业额/交易次数
3. 每月自动更新
4. 负毛利会员</td></tr>
<tr><td>6</td><td colspan="2">长眠会员</td><td></td><td colspan="2">两年以上未再交易</td><td>1. 客户贴标
2. 营业额/交易次数
3. 每月自动更新
4. 负毛利会员</td></tr>
<tr><td>7</td><td colspan="2">停滞会员（6–7）</td><td></td><td colspan="2"></td><td></td></tr>
<tr><td>8</td><td colspan="2">合计会员（4+7）</td><td></td><td colspan="2"></td><td></td></tr>
</table>

五、会员经营分工组织

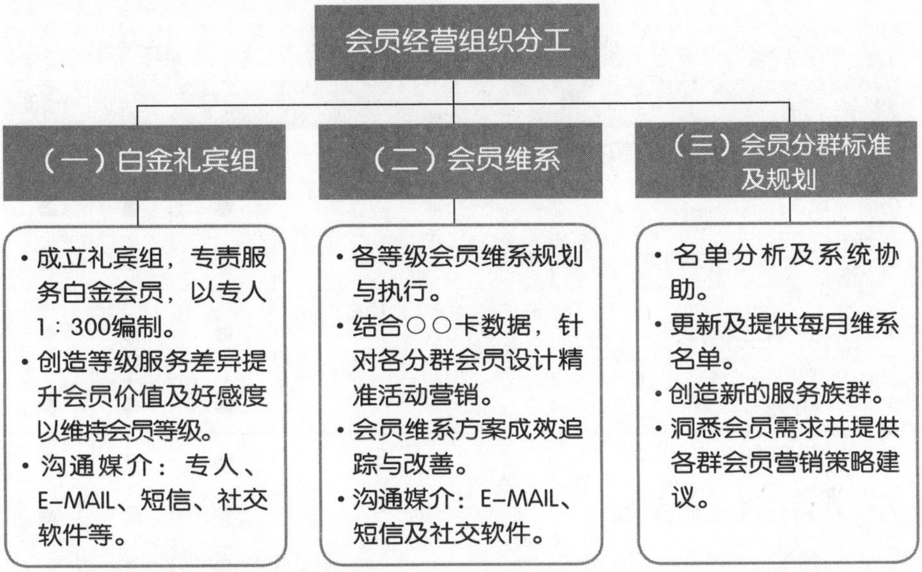

会员经营组织分工

（一）白金礼宾组

- 成立礼宾组，专责服务白金会员，以专人1：300编制。
- 创造等级服务差异提升会员价值及好感度以维持会员等级。
- 沟通媒介：专人、E-MAIL、短信、社交软件等。

（二）会员维系

- 各等级会员维系规划与执行。
- 结合○○卡数据，针对各分群会员设计精准活动营销。
- 会员维系方案成效追踪与改善。
- 沟通媒介：E-MAIL、短信及社交软件。

（三）会员分群标准及规划

- 名单分析及系统协助。
- 更新及提供每月维系名单。
- 创造新的服务族群。
- 洞悉会员需求并提供各群会员营销策略建议。

六、会员经营策略及经营方案架构

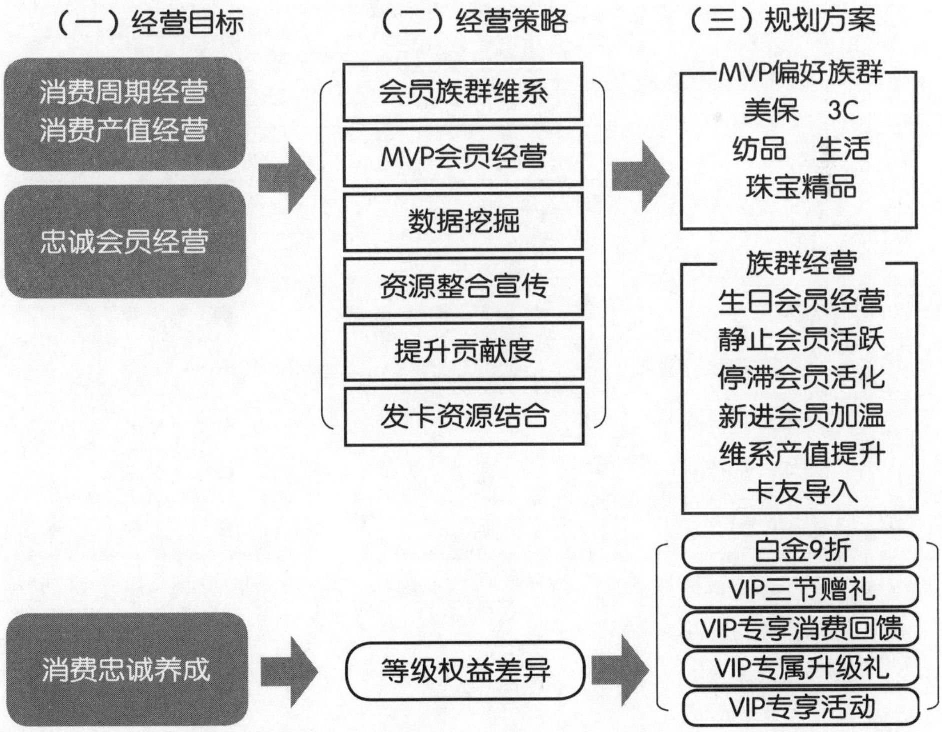

（一）经营目标

消费周期经营
消费产值经营

忠诚会员经营

（二）经营策略

会员族群维系
MVP会员经营
数据挖掘
资源整合宣传
提升贡献度
发卡资源结合

（三）规划方案

MVP偏好族群：美保　3C　纺品　生活　珠宝精品

族群经营：生日会员经营　静止会员活跃　停滞会员活化　新进会员加温　维系产值提升　卡友导入

消费忠诚养成 → 等级权益差异 → 白金9折；VIP三节赠礼；VIP专享消费回馈；VIP专属升级礼；VIP专享活动

七、各等级会员差异化

项次		服务机制	机制说明	会员等级		
				白金	忠诚	标准
1	基本权益	品质保证、产品责任险		●	●	●
2		10天试用期		●	●	●
3		17天内送货到家		●	●	●
4		12期无息刷卡	负向客户限制信用卡一次付清	●	●	●
5		商品免费退换		●	●	●
6		免费专线服务		●	●	●
7		365天全年无休		●	●	●
8	等级差异化服务	贵宾服务专线		●	×	×
9		开箱体验	白金/忠诚会员独享客制化开箱惊喜礼物	●	●	×
10		专属商品兑换区	白金/忠诚会员独享限定商品点数兑换	●	●	×
11		来电优先		●	×	×
12		寄发优先		●	●	×
13		优先售后服务		●	×	×
14		优先发货		●	●	×
15		白金会员邀请函		●	×	×
16		白金会员换购		●	×	×
17		重要节庆礼品		●	×	×
18		生日贺卡		●	●	×
19		生日礼	生日当日消费送点数	10 000	5 000	2 000
20		消费回馈		1倍	×	×
21		白金九折	每月一次	●	×	×

八、顾客维系方案概要

	方案类别	方案规划	运用等级	方案说明
1	提升绩效	会员等级维系	白金、忠诚	由每日系统数据更新，即时掌握高等级会员（白金、忠诚会员）消费状态，并进行重点会员维系工作
2	提升绩效	会员升降	全体	例行等级维护工作
3	提升绩效	分群作业规划及应用	全体	通过会员消费数据进行深入分群
4	提升绩效	负向客户管理	特殊	例行等级维护工作
5	提升等级	会员活动	全体	白金会员优先受邀，一般会员以点数兑换活动
6	提升等级	白金会员节庆赠礼	白金	依当季白金会员贡献度于重要节庆取前1 000名，规划节日礼品敬赠，以提升会员好感度、忠诚度及整体贡献度
7	提升等级		白金、忠诚	规划专享活动、集点奖励方案
8	资源导入	高价值会员活化方案	跨	原高等级会员有降等趋势的，积极沟通引导回购
9	资源导入	静止停滞会员活化方案	跨	针对静止会员、停滞会员以数据挖掘引导回购

续表

	方案类别	方案规划	运用等级	方案说明
10		卡友活化方案	跨	设计活动导入新会员
11	重点族群经营	生日族群方案	跨	规划方案以切合会员需求

九、会员活动设计——短期规划

项次	活动名称	活动内容	对象
1	VIP见面会	邀请品牌代言人、厂代或购物专家的粉丝参与活动	白金优先受邀
2	会员评介会	邀请会员共同参与商品评介	白金优先受邀
3	会员感恩餐会	举办餐会	连续一年白金会员
4	流行商品展示会	举办实体商品展示会	白金、忠诚优先受邀
5	VIP旅行团	举办国内或国外VIP旅行招待团	年度消费○○元以上会员
6	美妆体验会	美保厂商举办体验会	白金会员优先受邀，其他客户收取活动费用

十、会员活动设计——未来规划

会员活动设计——未来规划

- 规划 1 → 电影特映会
- 规划 2 → 顾客心声委员会
- 规划 3 → 演唱会
- 规划 4 → 会员焦点座谈会
- 规划 5 → 时尚派对
- 规划 6 → 巡回特卖
- 规划 7 → 主题乐园包场活动
- 规划 8 → 文艺讲座